Lebenskraft Angst

Lebenskraft Angst

Wandlung
und
Befreiung

Herausgegeben von Rudolf Walter

Herder

Freiburg · Basel · Wien

Diesem Buch liegen Sendungen des SFB
unter Redaktionsleitung von Johannes Huthmann zugrunde

Umschlagfoto: Ernst Haas

© Verlag Herder Freiburg im Breisgau 1987
Herstellung: Freiburger Graphische Betriebe 1987
ISBN 3-451-21058-4

Inhalt

Leben mit der Angst

VON RUDOLF WALTER

Daß Angst eine bloße Vernunftwidrigkeit sei, der man mit Aufklärung, mit Pädagogik oder durch ein maßvolles Leben schon beikomme, dieser Glaube hat sich gehalten von der Antike bis heute. Die große französische Enzyklopädie von d'Alembert und Diderot hält Angst für ein überwundenes Thema: Unter dem Stichwort nennen die Autoren nur Beispiele aus der römischen Geschichte. Und der gefeierte Physiologe Emil du Bois-Reymond beschwört 1872 in seiner berühmten Rede „Über die Grenzen des Naturerkennens" einen grenzenlosen Optimismus: „Was kann der modernen Cultur etwas anhaben? Wo ist der Blitz, der diesen babylonischen Turm zerschmettert? Man schwindelt bei dem Gedanken, wohin die gegenwärtige Entwicklung in hundert, in tausend, in zehntausend, in hunderttausend und in immer noch mehr Jahren die Menschheit führen werde. Was kann ihr unerreichbar sein?"

Heute sehen wir: Die Technik wurde verbessert, aber der Mensch ist nicht gut geworden. Die Träume haben Alpträume gezeugt. Technische Rationalität taugte auch als Mordinstrument. Die nützliche Angst, die am Anfang aller Erfindungen steht, hat nicht nur Ängste ausgetrieben, sondern neue geschaffen, größer und gespenstischer als zuvor. Das Leben selbst, die ganze Menschheit ist bedroht.

Lang Verdrängtes hat sich ins allgemeine Bewußtsein

eingenistet. AIDS und Tschernobyl sind Panikworte. Sie sagen aber etwas über Bedingungen unseres Lebens.

Wir müssen wieder lernen, mit unseren Ängsten umzugehen. Das heißt wohl, daß wir anders mit unserem Leben umgehen müssen. Das Grimmsche Märchen von dem Jungen, der auszieht, um das Gruseln zu lernen, sagt in der Sprache der Bilder: Angst gehört zum Menschen. Es gibt sicher Ängste, die man bekämpfen, beseitigen muß. Aber eine Welt ganz ohne Angst, so faszinierend sie scheint, kann ein falsches Bild sein.

Auch im Privaten gilt dies. Psychiater berichten aus der Analyse von Langweiligkeits- und Sinnlosigkeitsneurosen, daß Patienten aufs tiefste erschraken, wenn sich in ihnen erstmals Gefühle der Zärtlichkeit und Innigkeit regten: Angst als erstes, schmerzhaftes, hoffnungsvolles Symptom beginnender Heilung.

Angst ist doppelgesichtig. Und gerade weil der Streit darum, ob sie gut oder schlecht sei, heute neu entbrannt ist, ist es sinnvoll, sich auf diesen Charakter zu besinnen.

Angst wird in der Regel von der Furcht unterschieden, die ein bestimmtes Objekt hat, in ihren Auslösern genau eingrenzbar ist. Doch trennen läßt sich schwerlich. Furcht kann in Angst umschlagen, eine partielle Bedrohung kann so total werden, daß es ums Ganze des Daseins, um Leben und Tod geht.

Über die Entstehung der Angst kursieren unterschiedlichste Theorien. Es ist gar nicht so wichtig, ob man sie als Verdrängungsprodukt deutet, sie im Zusammenhang von Krankheitsmodellen oder Triebvorstellungen sieht oder im Schema von Lernmodellen versteht und zu modifizieren versucht. Das Bild vom „Urtrauma" der Geburt aber, dem Urbild aller weiteren Ängste, der schmerzhaften und drangvollen Trennung von der Mutter im Hinausgepreßtwerden in eine fremde Welt, ist erhellend im Blick auf die Sprache und auf die Sache: Angst kommt von Enge, Bedrängnis, in einem ganz konkreten leiblichen Sinn. Die leibliche Komponente verweist, auch in der Verwandtschaft zu tierischem Verhalten in Gefahr, auf etwas anderes Wichtiges: Angst ist kreatürliche Reaktion auf eine Gefährdung. Vor der Gefahr zu fliehen oder sich ihr im Angriff zu stellen, das sind ihre beiden Bewältigungsreflexe. Angst registriert Gefahr, entwickelt aber auch Kräfte der Abwehr, setzt sie in Bewegung, um das zu verdrängen oder zu vermeiden, was die angstbesetzte Reaktion wieder hervorrufen kann. Letztlich scheint alle Angst Angst um Lebensmöglichkeit zu sein. Über der Gefahr von Vernichtung, Auflösung, über den drohenden Verlust von Sicherheit, Integrität und Wohlbefinden liegt drohend der Schatten des Todes.

Pauschal kann man nicht reden über die Angst. Es gibt eine, die hell, sensibel und klarsichtig macht, die die Wahrnehmung schärft und Kräfte mobilisiert: Witterung des Bedrohlichen und eine Erschreckensbereitschaft, die auf dem Sprung ist, um den kritischen Moment zu bewältigen.

Aber es gibt auch die Angst, die wie ein Anfall kommt, die das Rückgrat bricht, die blendet, Freiheit und Willen betäubt, den Leib verkrampft und die Seele zuschnürt. Solche Angst kann im schlimmsten Fall selbst tödlich werden, zu einer noch schlimmeren Bedrohung als die Gefahr, die sie ausgelöst hat. Immer wieder kommt es so weit, daß nicht mehr der Tod das Bedrohliche ist, sondern die Angst selbst, die so hoffnungslos werden kann, daß sie sich, nur in der paradoxen Hoffnung auf den Tod, selber zerstört. Ebenso wie in der

Hoffnung ist der Mensch in der Angst ein vor-sichtiges, ein antizipatorisches Wesen. Die beiden Kräfte können sich sogar verbünden. Aber es kann die Erstarrung, das lähmende Gebanntsein von der Bedrohung auch dazu führen, daß man über die Gegenwart nicht mehr hinaussieht. Angst vor der Zukunft kann die Gegenwart ausweglos verriegeln.

Auch die Gesichter der Angst sind vielfältig, immer wieder verändert sie ihre Gestalt. Schleichend und subversiv kann sie sich einnisten oder ganz plötzlich, mit einem Schlag, die Gewaltherrschaft übernehmen und ein Leben terrorisieren. Rätselhaft kann sie einbrechen, in der Depression, im „Fall" in dunkelste, bodenlose Tiefen, unüberwindliche Schächte ohne Entrinnen. Manchmal färbt sie ein Leben nur ein, in einem Grau, das keine Farben zuläßt, keine Freude, keine starken Gefühle. „Was uns nicht umbringt, macht uns nur härter", hat Nietzsche gehofft. Nicht immer ist solch verstärkte Kraft der Lohn der Angst. Wer nicht zerbrochen wurde, verhärtet sich oft. Manchmal sieht man das auch den vereisten Gesichtern Erfolgreicher an, und hinter der Kulisse jung geschminkter Masken schreit nicht selten lautlos verstörte Angst vor dem Tod. An scheinbare Kleinigkeiten kann sie das Gewicht der ganzen Welt hängen, und hinter noch so bizarren Mustern steckt ihre kalte Logik. Hinter der Blendfassade eines forschen Zynismus wohnt sie, aber auch eingemauert in Gleichgültigkeit scheinbar angstloser Apathie kann sie sich abgeschottet verbergen.

Ein biblisches Bild weist auf einen anderen Zusammenhang. Der böse Feind, so heißt es im ersten Petrusbrief, gehe umher wie ein brüllender Löwe, suchend, wen er verschlinge. Ein Angstbild früherer Zeiten, sicher. Aber ist das Böse domestiziert seither? Frei flottierend scheint es immer wieder auszubrechen, um uns, in uns. Die Verkettung von Bösem und Angst ist nicht immer nur durch Abwehr zu brechen. Aus dem „Teufelskreis" kann man kommen, wenn man dem Zerstörerischen Positives entgegensetzt: Gerechtigkeit, Liebe vor allem. Aber auch Sensibilität für eigene Schuld. „Das Verhältnis der Freiheit zur Schuld ist Angst", sagt Kierkegaard zwar. Aber solche Angst kann positiv sein, sie macht menschlich.

Wie aber soll man umgehen mit seiner Angst, wenn sie nicht zu umgehen ist? Flucht vor der Angst ist keine Lösung. Wer vor ihr davonzulaufen versucht, den holt sie ein, den erwartet sie schon hinter der nächsten Ecke. Man muß „den Wolf umarmen", um ihn zu zähmen. Märchen und Legenden berichten davon, daß das Ungeheuer gebannt wird, wenn man ihm ins Auge sehen kann. Wer alles tut, bloß um Angst zu vermeiden, den hat sie schon längst in Besitz genommen. Der wird zu ihrer Marionette, gezogen an verborgenen Fäden.

Es geht zunächst darum, ihre Sprache zu entschlüsseln, ihre Partitur zu lesen, ihre „Wahrheit für uns" zu buchstabieren. Ein Weg dazu ist vielleicht, das, was in das nächtliche Dunkel unserer Träume, die Schutthalde unserer traumatischen Verdrängtheiten, abgekippt wird, bei Licht zu besehen. Uns damit vertraut zu machen, es einzubauen in unsere Wahrnehmung, es zuzulassen im Bild, das wir uns von der Welt und von uns machen.

Angst kann man sich nicht ausreden lassen, man muß sich auf sie einlassen – das sagen auch erfahrene Therapeuten. Auch als Erfahrung der Grenze, als drohende Auflösung ist sie Ausdruck unseres Lebens. Wenn wir uns auf sie einlassen, erfahren wir auch die Wahrheit über uns: daß wir nicht alles in der Gewalt haben, immer auf die Probe gestellt sind, daß wir in Gefahr stehen, uns im Nichtigen zu verstricken, – und daß wir sterben müssen. Nur indem man sich darauf einläßt, kann man sie umwandeln, gewinnt man Spielraum gegenüber Handlungszwängen. Und man gewinnt vielleicht auch die Gelassenheit der Unterscheidung: was wir annehmen müssen und was wir bekämpfen sollten. Man wird freier. Freier auch, Verkettungen mit der Angst anderer zu durchbrechen.

Auch wenn der Tod unausweichlich ist: Von der Hoffnung sollten wir nicht lassen und uns immer wieder neu in sie einüben, daß diese schmerzhafte Vernichtung, die uns bevorsteht, noch einmal von einem Geheimnis umfangen ist, das uns auch jetzt schon leben läßt. Menschheitliche Erfahrung hat Angst und Hoffnung im Blick auf den Tod immer im Bild einer „neuen Geburt" umschrieben. Und der Dichter des vierten Psalms hat seine Lebenserfahrung mit der Angst in die Anrede gebracht: „Da mir eng war, hast du mir's weit gemacht."

Bei aller Unterscheidung zwischen krankhafter und heilsamer Angst sollten wir uns auch nicht die Angstlosigkeit einreden lassen. Sie wäre nicht nur „jenseits von Freiheit und Würde". Sie wäre auch hoffnungslos dumm. Der unreife „Held" aus dem Grimmschen Märchen, der furchtlos zuschlägt und die Welt nicht versteht, ist dafür Beispiel. Am eigenen Körper erst muß er die Angst erfahren, um wirklich Mensch zu werden. Dahinter steht eine Weisheit, die man nicht vergessen sollte. Wolfdietrich Schnurre legt sie in seinem Roman „Ein Unglücksfall" einem lebenserfahrenen Rabbiner in den Mund: Wichtig ist es, sein „Furchtgefühl intakt zu halten, damit man sein Ahnungsgefühl schärft".

Einem Schüler, der um Weisheit bat,
sagte der Meister:
„Versuch' folgendes:
schließ' die Augen und stell dir vor,
du und alle Lebewesen werden
in einen Abgrund geschleudert.
Jedesmal, wenn du dich an etwas klammerst,
um nicht zu fallen,
mach' dir klar,
daß es gleichfalls fällt ..."

Der Schüler versuchte es
und war nie mehr derselbe.

Anthony de Mello

Wunderbare Dunkelheiten

Die Kinderängste

VON ELISABETH ALEXANDER

Das Gefühl und die Empfindung Angst spielten in meiner Kindheit eine große Rolle, um nicht zu sagen die größte. Und zwar die Angst vor der Strafe Gottes. Sofort möchte ich aber hinzufügen, daß für mich diese Angst vor der Strafe Gottes gleichzeitig das lebendigste und phantasievollste Element in meinem Gemüt und meinem Fühlen war.

Es gab rein gar nichts von all dem in meiner Familie, was heute unter dem Oberbegriff „Medien" zusammengefaßt wird; der Vater hatte nur seine Tageszeitung, die Mutter ihren Borromäusverein, die Großmutter das ‚Paulinusblatt'. Mein gesamter Emotionshaushalt wurde so von der katholischen Religion, der katholischen Kirche gepflegt und versorgt. Was lag da für ein Kind mit Phantasie und Denklust näher, als sich mit den rätselvollen Worten „Strafe Gottes" immer neu auseinanderzusetzen.

Ich steigerte mich absichtlich und völlig hingegeben in noch größere Ängste hinein, weil ich die süßen und schaurigen Angstzustände sehr gern hatte. Auch Elias Canetti sagt übrigens in seiner Autobiographie „Die gerettete Zunge", daß er als kleines Kind die Angst sehr gern gehabt habe. Ich bin überzeugt, daß Angst und Phantasie miteinander einhergehen und daß für beides, die Angst und die Phantasie, die Hauptantriebsfeder eine Neugierde ist. Allerdings führe ich dieses Gernhaben der

Angst, das Angezogensein von ihr, sowohl bei dem Knaben Canetti als auch bei mir, auf die Tatsache zurück, daß wir uns geliebt wußten. Ich für meine Person fühlte mich als Kind vom eigenen und vom himmlischen Vater geliebt. Infolgedessen bildete ich mir ein, die Androhung einer Strafe Gottes sei im Grunde so etwas wie ein Wegweiser in mein innerstes Wohlbefinden.

Daher wurde mir sehr früh selbstverständlich, mit der Angst in dauerhafter Symbiose zu leben. Ich spürte, daß mich einerseits die Angst vor der Strafe Gottes daran hinderte, ein ausgesprochen freches Kind zu sein, daß mich andererseits aber dieselbe Angst in die Neugierde weiterstachelte.

Heute weiß ich freilich auch, daß diese damaligen Ängste im Prinzip harmloser Natur waren. Obwohl ich nicht die Übertreibung und nicht die Übersteigerung scheute. Denn die Ängste fielen weder über meine Gesundheit her noch griffen sie mein Leben an. Sie rumorten nur in meinen Gedanken, Träumen und Vorstellungen und ließen mich des Abends niemals allein. Diese meine Kinderängste, die ich hegte und liebte, waren mir jederzeit auch geheimnisvoller Trost und Geborgenheit.

Mir ist es besonders deshalb wichtig, darüber zu sprechen, weil heute vieles verpönt und geächtet ist, was in meiner Kindheit zu den gedanklichen Herrlichkeiten gehörte. Was hätte mich, das Kind mit vielen Geschwistern und wenigem Geld im Zuhause, beflügeln können? Was hätte mich ermutigen und zum Phantasieren anspornen können, wenn nicht der Reichtum und die Eindrücklichkeit religiöser Bezüge. Sicher: Vielen, denen die Geborgenheit des sich Geliebtwissens fehlte und denen das Urvertrauen nicht eingepflanzt worden war, haben durch unverantwortliche Drohungen eine frühe

Vergiftung ihres Gottesbezugs erfahren. Bei mir war das anders: Durch die ewigen und ständigen Ermahnungen, bloß nicht die Strafe Gottes zu vergessen, fühlte ich mich gleichberechtigt, obwohl ich dieses Wort damals noch nicht gehört hatte. Ich fühlte, daß nicht nur ich Angst vor der Strafe Gottes zu haben hatte, sondern alle Menschen. Zumindest wollte ich das glauben. Die Mädchen, die Jungen, die Eltern und alle Leute, die in meiner Heimatstadt lebten, waren für mich selbstverständlich in gleicher Weise betroffen. Unnütze Zweifel, ob es Menschen gab, die nicht an die Strafe Gottes dachten, brauchte ich nicht heraufzubeschwören.

Im nachhinein ist mir so, als habe mich diese Angst vor der Strafe Gottes tatsächlich vor realen Großängsten bewahrt. Vor allem weiß ich im nachhinein, daß mich diese Angst in eine kindgemäße glückliche Lebensrichtung geleitet hat.

Natürlich konnte ich mir kein einziges Mal die Strafe Gottes konkret vorstellen. Ich konnte mir als unbedarftes Kind, ohne Einfluß von Film und Fernsehen, auch keine grausamen und blutrünstigen Bestrafungsbilder ausmalen. Ich wußte aber, daß ich im Rhein untergehen könnte, weil ich einen Gärtnergesellen kannte, der tatsächlich darin ertrunken war. Genauso wie ich wußte, daß ich leicht aus dem Zug fallen könnte, wenn ich mich zu weit über das Halbkreisgitter beugte.

Mir fällt auch ein, daß ich mich kaum an einen Hund in meiner Kindheit erinnere. Ich kannte nur Kühe, Kaninchen und Schweine, ein bißchen Federvieh. Bestimmt auch ein Pferd. Die Katzen in der Nachbarschaft waren meiner Meinung nach zum Mäusefangen da. Tieren gegenüber empfand ich also nur eine gemäßigte Angst: bei Kühen wegen der großen Augen, sicher auch wegen des großen Kopfes; die Schweine lehrten mich ein wenig das Fürchten durch ihr geräuschvolles Grunzen. Ich hielt mich lieber den Tieren fern und kam keinem zum Angreifen nahe. Also brauchte ich vor Tieren keine wirkliche Angst zu haben. Ich respektierte einfach ihr Anderssein.

Um nun konkrete Ängste kennenzulernen, stiftete ich mich des öfteren zu kindlichen Mut- und Heldentaten an. Um die Angst vor dem Untergehen im Rhein zu überwinden (ich war eine gute Schwimmerin), schwamm ich – mit Gottes Hilfe freilich – einfach über den ganzen Fluß. Von meinem Ufer auf die andere Seite des Rheins, bloß um meine Angst auszurotten. Schon zuvor, überhaupt solange ich schwimmen konnte, spielte mir die Phantasie blühende Angstbilder zu. Ihren Ursprung hatten sie einmal in dem Goethegedicht „Der Fischer" und zum anderen in einem Lied über den Rhein. Ich schwamm also allein, und ich erinnere mich heute noch der atemraubenden Angstzustände, die mich plötzlich anfielen: Da dachte ich, es käme der Vater Rhein mit seinen Töchtern, den Nixen, die mich hinab auf den Grund ziehen wollten, damit sie etwas Abwechslung in ihr Wasserleben bekämen. Heute noch kann ich nachempfinden, wie anstrengend das war, die Füße andauernd über Wasser zu halten.

Hätte ich zu dieser Zeit durch das tägliche Training – Angst vor der Strafe Gottes haben – nicht ein ausgetüfteltes Angstabwehr-System in mir ausgearbeitet, wäre ich vielleicht vor lauter Angst ohnmächtig geworden und untergegangen.

Ich bildete mir als Kind immer ein: wenn ich der Angst vor der Strafe Gottes trotzen kann, kann ich mich genauso gut allen übrigen Ängsten widersetzen. Am liebsten wollte ich jede Art Angst kennenlernen, um sie schließlich handhaben zu können. So ging ich eines Nachmittags mutterseelenallein in den düstersten Wald meiner Umgebung, den Vater mir einmal gezeigt hatte. Ich ging festen Schrittes hinein, obwohl ich mir vorstellte, es könne mir der Teufel begegnen. Keinen Moment dachte ich bei meinen Kinderschritten, daß ein Mensch mir entgegenkommen könne, um mir ein Leid anzutun; ich dachte nur an imaginäre Teufel, egal auch, wie die ausgesehen hätten.

Die schön inszenierten Ängste machten mich stark, tapfer, und ich war zuweilen sehr stolz auf meine Furchtlosigkeit. Das hieß für mich, daß nichts mich so rasch einschüchtern konnte. Die Lehrer und Lehrerinnen nicht, keiner meiner Brüder, und es gab in meiner Kindheit keinen einzigen männlichen Erwachsenen, vor dem ich richtige Angst empfunden hätte. Vor Frauen Angst zu empfinden, wäre mir nie eingefallen. Vor Vater oder Mutter hatte ich höchstens mal ein Ängstchen. Eigentlich aber nur dann, wenn ich unbedingt etwas anstellen wollte, um in den Genuß eines schlechten Gewissens zu kommen. Wenn ich mir nämlich so „freiwillig" ein schlechtes Gewissen machte, konnte ich eher lernen, was Schuld war.

Ich gebe gern zu, daß ich glücklich und zufrieden war, diese Idee mit der Angst vor der Strafe Gottes so ernsthaft zu betreiben. Dadurch wurde ich felsenfesten Glaubens, daß ich ganz sicher mit allen täglichen Ängsten zurechtkommen müßte, wenn ich zuerst mit der Angst vor der Strafe Gottes mal ins reine gekommen war.

Ich muß zugeben, daß ich gut reden habe über Kinderängste. Nicht alle sind so glimpflich über die Klippe Kinderangst gekommen. Und Kinder, die heute aufwachsen, haben es nicht leichter. Zwar scheinen viele Bedrohlichkeiten wegzufallen aber neue kamen hinzu. Ich denke daran, wie in der gegenwärtigen Zeit Kinderangst und Kinderängste beschämend rücksichtslos und auch kriminell in den Konsum einbezogen sind.

Lebte ich einerseits in dem Gefühl und der Empfindung Angst vor der Strafe Gottes, so lebte ich andererseits fraglos auch sicher in dem Gefühl und dem Empfinden, geliebt zu werden. Innerhalb meiner Familie und besonders vom himmlischen Vater. Begriffe wie Strafe Gottes und Gott Vater waren mir ebenso vertraut wie meine Sehnsucht, meine Familie könne eines Tages eine Heilige Familie auf Erden sein. Wenn heute so viel von Idolen gesprochen wird, mir war die Heilige Familie das Vorbild zum Nacheifern. Ich geniere mich nicht, meine kindlichen Gedanken über Angstgefühle und Familie preiszugeben. Mir wäre im Blick auf die Kinder wohler zumute, gäbe es heute in unserer Gesellschaft einen ähnlichen familiären und religiösen Rückhalt, wie ich ihn erlebte. Eigentlich sollte so etwas nicht nur hier und da vorkommen, sondern die Regel sein.

Mittlerweile liegen ziemlich viele Jahre zwischen dem Kind von damals und der Frau von heute. Aber noch steckt tief wie ein Geheimnis der Glaube in mir, ich könnte meine Ängste allein und erfolgreich regulieren. Und ich denke verzweifelt an all die zahllosen Kinder, die absichtlich und mit Vorbedacht in Ängste gestoßen werden. In Ängste, die, häufig genug, auf lange Zeit dem Kind nicht mehr abgenommen werden. Und der Unterschied zwischen meinen alten Kinderängsten und diesen neuen Kinderängsten ist vor allem der, daß dem heutigen Kind so gut wie nie die Chance gegeben ist, sich selbst spielerisch in einen Angstzustand hineinzudenken, sich phantasievoll hineinzufühlen, sich mit ihm vertraut zu machen, ja anzufreunden. Manchmal müssen Erwachsene dazu Hilfestellung leisten, damit die Kinder die geheimnisvollen und wunderbaren Seiten der Angst erleben können und nicht von ihren Dunkelheiten panisch überwältigt werden.

Bei meinem kleinen Sohn habe ich das erfahren, als er Schwierigkeiten hatte, abends einzuschlafen. Es entstand daraus eine Geschichte, die Geschichte von der wunderbaren Dunkelheit, die ich hier erzählen will, weil sie wohl dem Erleben vieler Kinder entspricht:

„Das Licht ging aus. Das Kind lag im Dunkeln. Es schloß fester die Augen, um das Dunkle nicht zu sehen. Es solle sofort schlafen, hatte die Mutter gesagt. Was die Mutter sich vorstellt mit dem Einschlafen. So schnell ging das nicht.

Das Kind lag auf dem Rücken und öffnete vorsichtig, damit es keiner merke, die Augen. Aber es war noch immer dunkel. Es wußte, wo das Fenster war und sah hin. Durch die Fensterscheiben kam kein Licht, denn draußen war es auch dunkel. Manchmal war es draußen nicht so dunkel wie drinnen im Zimmer. Dann sah es die Schatten der Fenstervorhänge oben an der Decke. Das liebte das Kind, und es konnte sich nicht müde sehen an den hellen Streifen hoch über seinem Bettchen.

Der Mond schien heute nicht. Das hatte die Mutter aber schon gesagt. Wenn es so ganz dunkel war wie jetzt, rutschte es tief unter die Decke und auch das Atmen geschah leise. Es wollte keinen Lärm in das Dunkel hineinbringen. Das Dunkel war still. Es war ruhig. Es tröstete das Kind, es ängstigte das Kind.

Solange es nicht einschlafen konnte, sah es in jedes Stückchen Dunkelheit im Zimmer. Es stellte sich vor, daß auch die Gegenstände und die Spielsachen viel schweigender waren als am Tag. Und manchmal, wenn es ganz plötzlich knackte, dann dachte es, das müsse auch die Dunkelheit sein. Es flüsterte kleine Sätze und summte Schlafliedchen, um schneller einzuschlafen. Wenn es gar nicht schlafen konnte, weinte es vorsichtig in das Kopfkissen, daß das Dunkel es nicht bemerke.

Das Kind lag wieder im Dunkeln. Die Mutter hatte das Licht ausgemacht. Sie hatte gesagt, der Mond schiene auch heute nicht. Aber trotzdem sei es im Zimmer wunderbar dunkel. Das Kind wartete lange auf dieses wunderbare Dunkel. Und auf einmal sah es, wie das dunkle Dunkel langsam irgendwohin ging. In die Ecken, und vielleicht schlüpfte es auch unter der Tür hindurch fort. Die Gegenstände konnte es ahnen und bald ein bißchen erkennen. Das Kind lag im Bettchen und wollte gar nicht unter die Decke rutschen. Alles war in einen gleichmäßigen Lichtschleier gehüllt. Und plötzlich war das Kind eingeschlafen.

Am Abend freute es sich auf das Einschlafen, da die Mutter gesagt hatte, das Dunkel im Zimmer sei gleich wunderbar wie gestern."

Erst beim Frühstück am nächsten Tag erzählte ich dem Kind, daß ich ein besonderes Nachtlicht im Zimmer in eine Steckdose gesteckt hatte. Ich hatte es nicht vorher gesagt, weil das Kind bestimmt nicht geglaubt hätte, es könne auch eine wunderbare Dunkelheit geben. Eine, die die Angst einfach wegnimmt.

Diese Hilfe, mit dem Bedrohlichen einen spielerischen Umgang zu üben und ihm so seinen Schrecken zu nehmen, haben viele Kinder sicher nicht. Im Gegenteil, die Angst umgibt das Kind heute oft ganz konkret, aber nicht die anregende Angst vor Phantasiegestalten aus erzählten Geschichten, nicht die unsichtbare Angst vor der Strafe Gottes. Nein, es ist die tatsächliche Angst vor einem Menschen. Von ganz konkreten Menschen wird Kindern nicht selten primitiv und böse Angst eingejagt. Überall begegnen wir solcher Kinderangst, und nicht nur in bestimmten Kreisen oder sozialen Schichten. Auch Drohungen, die mit distinguierten Worten eingeleitet werden, sind schlimm und Aggressionen, die sich in wohlformulierte Sätze kleiden, können gleichwohl schrecklich sein. Vor kurzem war ich im Tiergarten, zu einer Zeit, zu der dort Väter und Mütter mit ihren Kindern spazierengehen. Als ich hinter mir den Satz hörte: „Wir werden uns deshalb wohl zu Hause auseinandersetzen müssen", drehte ich mich um und sah ein noch nicht schulpflichtiges Kind, einen kleinen Jungen, der nicht auf Anhieb hatte gehorsam sein wollen und den Vater: bestens angezogen, intellektueller Mittelstand. Welche Bedrohlichkeit kann in einem Erwachsenensatz stecken! Tausende von Drohungen, von Tausenden von Vätern ausgesprochen – auch die Mütter will ich hier nicht gänzlich auslassen – sind Drohungen, die von Tausenden von Erwachsenen auch wahrgemacht werden.

Ich habe versucht, meine eigenen Kinder so zu erziehen, daß sie nicht nur aussprechen, was sie wollten. Ich habe sie gelehrt, vor allen Dingen zu denken, was sie wollten. Erziehungsprinzip für mich war: Das Kind hat im Vordergrund zu stehen und nicht die Konvention und nicht die Furcht vor Blamage. Die unterentwickelten elterlichen Verhaltensweisen lösen viele der Ängste aus, die Kinder zu erleiden haben. Mehr als der Öffentlichkeit bekannt ist, mehr auch als vorstellbar. Und wenn in einer Fernsehsendung großartig verkündet wird, daß ein Tierschutzverein einen gewissen Betrag aus den eingenommenen Geldspenden an den Kinderschutzbund überwiesen hat, so beweist das nur, daß heute die Tierliebe vor der Nächstenliebe überwiegt und tatsächlich beide Begriffe so miteinander verbunden werden, daß zuletzt der Begriff der Nächstenliebe auf die Tierliebe weist.

Es gibt Länder, in denen Kinder zum Bestandteil einer Familie gehören. Hierzulande gibt es Kinder, die lediglich aus Imagegründen auf der Welt sind. Fröhlichkeit wird durch Hektik ersetzt, Geduld dem Kind gegenüber durch markante Nachlässigkeit. Mir stockt heute noch das Herz, höre ich ein Kind weinen, weil ich mir sogleich vorstelle: es wird gequält. Ein etwa fünfjähriges Mädchen aus der Nachbarschaft, mit Striemen an den Beinchen, sollte nicht mehr zu mir kommen. Auf meine Frage, warum es denn immer zu mir wolle – es kam heimlich – antwortete es: „Weil ich bei dir nicht weinen muß."

Das war in den sechziger Jahren. Kinder werden nicht nur aus Wut und Zorn mißhandelt. Genauso häufig geschieht dies auch, um sie stillzuhalten. Es soll nichts von der häuslichen Misere nach draußen dringen. Nur kann solch ein Kind seine Ängste schwerlich allein durch Fühlen und Denken regeln, wenn die Angst vor körperlicher Bestrafung es auf Schritt und Tritt begleitet.

Hatte ich meine Angst vor der Strafe Gottes und Canetti seine, so hatten andere Kinder ihre süßen und schaurigen Ängste durch die mannigfaltigsten Märchen. Auch hier droht die Angst nicht konkret, aber die Kinder hatten Stoff für ihre Gedanken und sie hatten Stoff, zu phantasieren. Inzwischen wurden die Märchen häufig verpönt und geächtet, alles sollte dem Kind realistisch und modern sein. Aber lassen wir den Kindern doch die Chance, sich ihre eigene Realität zu erschaffen. Lassen wir ihnen Phantasien und naive Vorstellungen. Der Erwachsene nur hat es in der Hand, das Kind in ausgeglichener Balance leben und reifen zu lassen, es ganz selbstverständlich Kind sein zu lassen, ohne ihm eigene Versagensängste und wahre und erfundene Enttäuschungen aufzuhalsen. Und denken wir immer daran: Keiner ist so erbärmlich abhängig von der Liebe und der Hand des Erwachsenen wie ein Kind.

„Wie soll ich Befreiung erlangen?"
„Finde heraus, wer dich festgehalten hat",
sagte der Meister.

Nach einer Woche kehrte der Schüler zurück
und sagte:
„Niemand hat mich festgehalten."
„Warum möchtest du dann befreit werden?"

Für den Schüler war das
ein Augenblick der Erleuchtung.
Plötzlich wurde er frei.

Anthony de Mello

Wege in ein unentdecktes Land

Die Angst vor der Liebe

VON EUGEN DREWERMANN

Nichts, wenn wir die Art unseres Zusammenlebens betrachten, scheint uns soviel Angst zu machen wie die Liebe. Sie macht uns verletzbar, sie macht uns enttäuschbar, sie zeigt uns schwach, bedürftig, in gewissem Sinne abhängig und nackt. Wir haben keine Angst, einander bloßzustellen, einander zu demütigen, einander zu erniedrigen. Selbst die Angst vor der Sexualität haben wir in den letzten zwanzig Jahren tapfer bekämpft. Aber es ist, als wenn bei all dem unsere Seele sich nur noch mehr aus dem Körper zurückgezogen hätte. Die Aufspaltungen haben eher zugenommen, und unsere persönlichen Gefühle von Zuneigung und Zärtlichkeit haben sich in scheue Tiere verwandelt, die sich nur noch bei Nacht im Mondenschein auf die Lichtung des Lebens getrauen.

Wissen wirklich nur noch die Märchen, daß einzig die Liebe die Kraft besitzt, glücklich zu machen? Auf den starken Schwingen des Gefühls trägt sie uns über Berge und Meere in ein jenseitiges Land voller Zauber und Träume. Sie lehrt uns, die Welt als ein verborgenes Kraftfeld der Sehnsucht zu entdecken, voller magischer Wege, verwunschener Schlösser, geheimnisvoller Landschaften. Sie macht aus der Seele des anderen ein Zauberreich voller Symbole und Verweisungen, und jedes seiner Wörter, das wir richtig verstehen, ist wie der Wegweiser, ein Terrain zu betreten, das uns völlig unentdeckt und geheimnisvoll zu Füßen liegt. Die Liebe lehrt uns, die Zeit in einen heiligen Rhythmus von Erwartung und Erfüllung einzuteilen. Sie macht uns zu Teilhabern der verschwiegenen Poesie der Welt.

In den Anfangstagen der Menschheit, so überliefern manche Mythen und Märchen, seien die Menschen imstande gewesen, die Sprache aller Lebewesen zu verstehen, und sie hätten als erstes eine universelle Zärtlichkeit der Welt erlernen müssen, ehe sie in den Stand gesetzt worden seien, einander als Mann und Frau zu begegnen. In der Liebe erscheint die ganze Welt ringsum tatsächlich wie ein Rest des verlorenen Gartens Eden am Anfang der Welt.

Und doch durchzieht die Literatur der Menschheit als ein unbesiegbarer Cantus firmus die Übersetzung, daß wir der Liebe alles *Unglück* verdanken. In der Weltliteratur begegnen wir, wohin wir auch schauen, Liebespaaren, die zueinander nicht kommen können und dürfen – aufgrund der herrschenden Sitte ihrer Zeit und der Allgewalt der Umstände: *Lanzelot* und *Ginevra, Tristan* und *Isolde, Romeo* und *Julia* – und selbst in der Wirklichkeit: *Hölderlin* liebt bis zum Wahnsinn die viel jüngere *Suzette; Novalis* trauert um die viel jüngere *Sophie; Edgar Allen Poe* besingt in seinem berühmten Gedicht den Tod der früh verstorbenen *Annabel Lee.* Aus der Liebe wird ein romantisches Ideal, unerreichbar in der Wirklichkeit, ein Desiderat von Träumern, die mit der Welt, wie sie wirklich ist, kaum zurechtkommen. Ja schlimmer noch: da wir die Liebe nicht abschütteln können, verwandelt sie sich in eine gefährliche Göttin, die Wahnsinn und Krankheit über die Menschen zu bringen droht. Es ist, als wenn wir im Umgang mit der Liebe immer noch in einem Glauben gefangen lebten, wie die mittelamerikanischen Azteken ihn der Göttin Tlazolte-otl entgegenbrachten, die sie als Muttergöttin verehrten und doch auf ihren Darstellungen mit der Haut eines Sy-philitikers überzogen. Die Hysterie um die Krankheit AIDS scheint neuerdings gerade einem solchen Glauben Ausdruck zu verleihen. Wenn im Jahr 150000 Men-schen an Lungenkrebs durch Überinhalation von Niko-tin zugrunde gehen, oder wenn Hunderttausende am Herzinfarkt sterben, so gilt uns das gewissermaßen als ein normaler Tribut an den Streß der Leistungsgesell-schaft. Aber wenn jemand wie *Franz Schubert* stirbt an der Liebe, so mutet uns das seit Jahrhunderten an wie et-was Grauenhaftes. Ein solcher Mensch fällt auch heute noch in das soziale Exil unserer Moral.

Schon in den Anfangstagen des Abendlandes glaubten die Römer die Liebe in dem Gott *Amor* zu erkennen, dessen Kunst darin bestand, mit seinen Pfeilen die Men-schen in lächerliche Kinder zu verwandeln: eine Art vor-übergehender Psychopathologie der Seele war entspre-chend diesen Mythen die Liebe, und die Verliebten erschienen als närrisch, abergläubisch und nicht ganz zurechnungsfähig. Dieser Zynismus hat sich in unserer Kultur offenbar gerächt. Noch am Anfang unseres Jahr-hunderts beschreibt *Theodor Fontane* in seinen Roma-nen, wie tödlich derartige Aufspaltungen zwischen Liebe und Vernunft in unserer Seele genauso wie in unserer so-zialen Kultur wirken müssen: Im preußischen Offiziers-corps des Fin de siècle ist ein verlorener Mann, wer die Liebe zu glauben wagt. Sich irgendwo in irgendwelchen Absteigen und Kaschemmen schadlos zu halten ist mit der Ehre dieser Ehrenmänner sehr wohl vereinbar; in ei-ner Ehe auszuhalten, deren grauer Alltag jedes Gefühl erstickt, gilt für eine selbstverständliche Pflicht, für eine undiskutierbare Nachfolgetugend des alten Ritterstandes sozusagen. Aber die Liebe muß man fürchten inmitten dieses Gettos.

In der Tat: Warum haben wir am meisten Angst gerade vor der Kraft, die imstande wäre, uns am meisten glücklich zu machen? Der französische Philosoph *René Descartes* hat recht: Alles Unglück, sagt er, stammt daher, daß wir einmal Kinder gewesen sind. Wir haben *lernen* müssen, die Liebe zu fürchten. Bis auf gewisse Vorsichtsmaßregeln der Natur ist die Angst vor der Liebe uns nicht angeboren. Wohl gibt es die Angst, in den Ekstasen des Glücks das Bewußtsein zu verlieren, es macht Angst, als individuelle Person der Sexualität als einer Naturkraft gegenüberzustehen, die der ganzen menschlichen Gattung gehört. Vor allem zu Beginn der Pubertät gibt es die Angst, jeden Halt zu verlieren und der Kontrolle über sich selber zu entgleiten, würde man zu stark und zu früh sich den allzu mächtigen Gefühlen ausliefern. Ja, es hat die antike Mythe von dem Mädchen *Persephone* nicht unrecht, wenn sie den Einbruch der Liebe in das Leben eines Kindes wie ein Geraubtwerden und Sterbenmüssen schildert: während sie Blumen pflückte, ward die schöne Jungfrau Persephone von dem Totengott *Hades* in das Reich der Schatten geführt. Die Initiationsriten vieler Völker bewegen sich in ähnlichen Vorstellungen.

Aber muß immer erst etwas in uns sterben, ehe wir „erwachsen" werden, und muß wirklich gerade die Liebe identisch sein mit dem Ende der Träume und dem Anfang eines Lebens als Schemen und Schatten?

Ursprünglich bietet gerade die Liebe unserer Person Halt und Festigkeit, verleiht gerade sie uns Mut und Selbstvertrauen, wie wir es sonst niemals kennenzulernen vermöchten, befähigt gerade sie uns zu Taten, die wir uns normalerweise nicht zutrauen würden. In ihrem Wesen ist die Liebe wie eine große Woge, die den Nachen unseres kleinen Ichs bis zu den Sternen heben könnte. Nein: die Angst vor der Liebe ist nicht ursprünglich; die Angst vor der Liebe müssen wir erst lernen. Und wir lernen sie am nachhaltigsten als Kinder in lieblosen Ehen. Ursprünglich fürchten wir gerade *den Verlust* der Liebe so sehr wie den Tod. Aber wenn wir schon als Kinder gerade für die Gefühle der Liebe mit Liebesverlust bestraft werden, wenn wir schon als Kinder lernen müssen, daß auf Liebe die Todesstrafe, die Höllenstrafe, die Ausweisung in das Land „Nicht-mehr-geliebt-zu-werden" steht, zu welchen Menschen müssen wir dann werden?

Wenn wir von „lieblosen" Ehen hören, regt sich gleich unser moralisches Gewissen. Eheleute sind *verpflichtet*, einander zu lieben und einander die Treue zu halten, bis daß der Tod sie scheidet. Diese Regel schärft man uns um so strenger ein, als man die vermeintliche Anarchie der Liebe fürchtet. Liest man manche Verlautbarungen zum Thema „Ehe", so hat man den Eindruck, es werde ständig unterstellt, daß vor allem „die" jungen Leute förmlich darauf brennen, ihr Liebesleben so leichtsinnig und leichtfertig wie möglich einzurichten. Also ruft man nach dem Korsett der Institutionen und der sozialen Kontrollen, um der vermeintlichen Willkür zu wehren. Man übersieht bei diesem altväterlichen Moralismus freilich gern, daß Ehen heute viel riskierter zu sein pflegen als in vergangenen Zeiten. Man heiratet nicht mehr vorwiegend nach dem Willen der Eltern, etwa um die Erbfolge eines Bauernhofes zu sichern oder um die Gepflogenheiten eines bestimmten Standes weiterzutradieren. In einer Welt, in der wir damit rechnen müssen, daß im Jahr 2050 sage und schreibe elf Milliarden Menschen diesen Planeten bewohnen, kann es auch kein primäres Ziel mehr sein, möglichst viele Kinder in die Welt zu setzen, gewissermaßen als soziale Reserve gegen Alter und Krankheit, und es zeigt sich auch, daß Kinder nicht sehr tauglich darin sind, als zusätzliches Bindemittel einer an sich desolaten Ehe zu fungieren oder zur Stabilisierung der eigenen Persönlichkeit herzuhalten. Wenn das Zusammenleben zwischen Mann und Frau in einer Ehe heute Bestand haben soll, so vor allem aufgrund eines tiefen Gleichklangs der Gefühle und einer glücklichen Mischung aus Gemeinsamkeit und wechselseitiger Ergänzbarkeit der Personen.

Doch gerade die Kunst, immer von neuem die Bindung personaler Nähe durch den Austausch persönlicher Gefühle zu ermöglichen, die Kunst, in Wort und Gebärde einander so mitzuteilen, daß es uns immer tiefer miteinander verbindet, haben wir in unserer Kultur bis heute kaum gelernt. Die alte Gleichung, wonach Liebe gleich Sexualität, gleich Besitz, gleich Familie, gleich Erbfolge sei, existiert zwar in dieser Kraßheit wohl nicht mehr; aber noch haben wir keine Kultur der Freundschaft, der Poesie, der Zärtlichkeit entwickelt, in der die Liebe als kulturfähig erscheinen könnte. Im Gegenteil. Geradezu klassisch ist im Abendland die Aufspaltung geworden, die das Christentum im Mittelalter bereits fertig etabliert hatte. Im Neuen Testament wird Jesus als eine Person geschildert, die auf andere Menschen, Männer wie Frauen, einen so starken Einfluß ausübte, daß sie aus ihren Familien ausbrachen, um sich ihm anzuschließen. In der Geschichte des Christentums ist aus Angst vor der Triebkraft der Sexualität daraus ein Reglement geworden, das scheinbar zu der Alternative zwingt, entweder die Asexualität der Klerikerstandes zu wählen oder aber allein in der Ehe in erlaubter Form die Sexualität leben zu dürfen. Der Stand der Kleriker belohnte sich für seine Verzichte und Ängste jahrhundertelang durch die Privilegien des ersten Standes; die Eheleute aber wurden in ein System nicht endender moralischer Zwänge und Schuldgefühle eingesperrt. So ist die Ehe heute de facto zu dem einzigen Ort geworden, an dem man erlaubterweise die Liebe lernen könnte, und damit kehrt die eigentliche Ordnung sich völlig um, denn die Ehe selber gründet sich wesentlich auf die Liebe.

Wir stehen heute vor dem Paradox, daß Menschen Kinder in die Welt setzen müssen, noch ehe sie selber jemals Kinder sein durften, daß sie Mütter sein müssen, ehe sie Frauen, Väter, ehe sie Männer sind. Deren Kinder wachsen dann wie notgedrungen in einer Welt auf, in der sie das selbstverständliche Recht eines jeden Kindes, geliebt zu werden, nicht empfangen können. Enttäuscht von der Mutter, klammern solche Kinder sich an den Vater, aber der Vater hat selber Angst vor dem Unglück seiner eigenen Gefühle, und so werden schon die Kinder infiziert mit der Angst vor den eigenen Empfindungen von Zuneigung und Liebe – es tut so weh, zurückgewiesen zu werden. Hinzuaddieren muß man all die vielen Fälle, in denen die Eltern durch die Umstände (Krankheit, Arbeitslosigkeit, Beruf usw.) ihre Kinder ehrlicherweise als leidige Last empfinden. Probleme dieser Art lassen sich nicht durch „Opfergeist" und „Selbstverleugnung" lösen, und Menschen, die man mit Erfolg daran gehindert hat, ein gesundes Verhältnis zu sich selber aufzubauen – wie sollen die „gesunde", d. h. liebesfähige und arbeitsverträgliche Kinder großziehen? Schwierigkeiten dieser Art waren es, die bereits *Sigmund Freud* vor Augen hatte, als er die Theorie vom Ödipus-Komplex entwickelte und besonders hervorhob, wie intensiv gerade in lieblosen Ehen die Kinder die Stelle des vermißten Liebespartners der Mutter oder des Vaters einnehmen müssen.

Was bleibt inmitten eines solchen Zwangssystems zum Unglück in der Liebe außer der Flucht in die Krankheit zur Rettung des Restes an gutem Willen und Moralität? Es ist ein bitterer Satz, den *Freud* schon vor achtzig Jahren aussprach: „Nichts schützt eine kranke Ehe so sicher wie die Krankheit."

Fast immer sind es indessen die Frauen, aus denen sich die *unknown soldiers* in diesem Kampf rekrutieren, den wir in unserer Gesellschaft gegen die Liebe führen. Aus Angst vor der Liebe haben wir die „Kultur" des Patriarchalismus dahin entwickelt, daß wir die Welt am besten zu beherrschen vermeinen, wenn wir den eigenen Gefühlen möglichst kühl gegenüberstehen, indem wir die menschliche Sprache tunlichst durch emotionslose Objektbeschreibungen ersetzen und über die Natur das Netz eines detaillierten Herrschaftswissens werfen, das uns wohl in den Besitz von Macht und Reichtum zu bringen vermag, doch wie zur Strafe dafür eine grassierende Seelenlosigkeit und Gefühlsverarmung um uns breitet. Wir stehen im Grunde unter einem Systemzwang, der sich ständig erneuert: *Die Menschen,* die wir an unserer Seite nicht zu lieben wagen, müssen wir sehr bald fürchten, allein schon unserer unerledigten

Pflichtgefühle wegen; *die Natur,* die zu lieben wir uns nicht getrauen, müssen wir fürchten wie etwas Fremdes und Feindliches; und sogar *Gott,* von dem wir behaupten, daß er die Liebe sei, müssen wir inmitten einer Religion des moralischen Zwangs fürchten als eine Überperson voller Strafe und Sadismus, so daß am Ende alles auf uns zurückfällt: Unfähig zur Liebe aus Angst, werden wir Gejagte der Angst in einer lieblosen Welt, die kalt ist wie auf dem Nordpol, seelenumdunkelt in nicht endender Nacht. Kaum eine Erfahrung ist schlimmer, als immer wieder auf Frauen und Männer zu treffen, die gerade diejenigen Beziehungen am intensivsten wählen, in denen sie am sichersten unglücklich sind, und die sich am meisten gerade denjenigen Beziehungen gegenüber verweigern, die sie eigentlich am glücklichsten machen könnten. Die Angst vor der Liebe ist wie ein Fluch, der eigentliche Inhalt der „Erbsünde", Quelle und Thema aller Neurosen.

Wie man sie überwinden kann?

Wir müßten es wieder wagen, jenseits der Moral unseren eigenen starken Gefühlen zu glauben; wir müßten es uns erlauben, eine Sprache wieder zu erlernen, die offen ist für den Reichtum der Träume, für die Schönheit der Bilder und für die Poesie unserer eigenen Phantasie; wir müßten das letztlich religiös begründete Vertrauen wiedergewinnen, daß wir bedingungslos berechtigt sind, zu sein – Gottes geliebte Kinder, müßte man sagen, wenn diese Worte nicht derartig korrumpiert, verdreht und leergeredet wären.

„Was ist der größte Feind der Erleuchtung?"
„Angst".
„Und woher kommt die Angst?"
„Aus der Einbildung."
„Und was ist Einbildung?"
„Zu denken,
daß die Blumen neben dir
giftige Schlangen seien."
„Wie soll ich Erleuchtung erreichen?"
„Öffne deine Augen und sieh!"
„Was?"
„Daß keine einzige Schlange in der Nähe ist."

Anthony de Mello

Anfang vom Ende

Die Angst vor der Gleichgültigkeit

VON ELIE WIESEL

Sicherlich kennen Sie die Anekdote von den zwei Erziehern, die sich über den beklagenswerten Zustand der heutigen Jugend unterhalten: „Sie weiß nichts und verhält sich gleichgültig, nicht wahr?" sagt der eine. Der andere entgegnet: „Keine Ahnung, ist mir im übrigen völlig egal."

Diese beiden Übel, Unwissenheit und Gleichgültigkeit, hängen natürlich zusammen. Das eine ist die Folge des anderen. Die Möglichkeit des Menschen, sich selbst zu überschreiten, verneinen beide, und beide bleiben hinter dem zurück, was im menschlichen Geist angelegt ist; beide schmälern das menschliche Wesen. Aber von beiden ist die Gleichgültigkeit das größere Übel, weil sie den anderen ebenso erniedrigt wie einen selbst.

Das Wort „Gleichgültigkeit" bezeichnet einen Mangel, den Mangel an Willen, die Unfähigkeit oder das Fehlen auch schon eines Wunsches: zu unterscheiden zwischen Gut und Böse, zwischen Freude und Traurigkeit, zwischen Freund und Feind, zwischen Tag und Nacht. Die Bibel nennt dies „Tohuwabohu", Chaos. Vor der Schöpfung war dieses Chaos die bestimmende Realität. Die Schöpfung begann, als Gott schied zwischen Himmel und Erde, zwischen Licht und Dunkelheit, zwischen den Wassern oben und den Wassern unten und auch zwischen Geschöpf und Geschöpf. Als Adam das Privileg – und die Fähigkeit – erhielt, den Tieren Namen zu geben, wurde ihm aufgetragen, die einen von den anderen zu unterscheiden. Zu leugnen, daß es Unterschiede gibt, heißt: sich der Schöpfung widersetzen, indem man das frühere Tohuwabohu wiederherstellt.

Die biblische Tradition lehrt uns, daß Gott seiner Schöpfung nicht fremd gegenübersteht. Er ist überall. Selbst im Leid. Er ist überall dort, wo wir sind, und anderswo. Rabbi Yehuda Halevy war es, der einmal sagte: „O Herr, wo kann ich dich finden, und wo kann ich dich nicht finden?" Gott sieht und hört, Gott versteht und beurteilt alle Handlungen und nimmt Anteil an allen Ereignissen. Die Angst des Ijob rührt nicht von seiner Befürchtung her, Gott könnte vielleicht ungerecht sein, sondern er könnte gleichgültig sein. Zu Zeiten von Jeremia und Ezechiel fürchteten sich die Alten nicht vor der Strafe Gottes, sondern davor, daß Gott sich möglicherweise entfernen könnte: Von Gott verlassen zu sein ist schlimmer, als von ihm bestraft zu werden. Von Gott nicht beachtet zu werden ist schlimmer, als seinen Zorn auf sich zu ziehen, selbst wenn letzteres zu Unrecht geschähe. In Gott sehen wir unseren Vater, unseren König, unseren Herrscher, unseren Richter: Folglich besteht eine Beziehung zwischen dem Menschen und seinem Schöpfer. Obwohl unerreichbar, ist Gott doch gegenwärtig, selbst wenn er streng ist. Er gibt und vergibt, er stellt Fragen und meldet sich mit Anfragen, er ruft und ruft ins Gedächtnis: Der Mensch kann fern von Gott leben, aber nicht außerhalb von Gott. Ohne Gott wäre der Mensch nicht menschlich. Gerade weil Gott existiert, ist er alles – nur nicht gleichgültig; gerade weil es Gott gibt, kann der Mensch alles sein – außer gleichgültig.

Gott ist empfindsam gegenüber den Ängsten des Menschen und seinen Hoffnungen voller Sehnsucht. Er hört seine Gebete und folgt ihm bis in seine Träume.

Gott weint, wenn sein Tempel geplündert wird. Er folgt seinen Kindern ins Exil. Wie sie, wie wir alle, ersehnt er die Befreiung. Diese Vorstellung vom göttlichen Pathos beherrscht die talmudische Literatur und mehr noch das verzauberte Universum von Mystizismus und Chassidismus. Ebenso wie Gott dem Leiden des Menschen nicht gleichgültig gegenübersteht, darf das Leiden Gottes dem Menschen nicht gleichgültig sein. Gewiß, der Mensch ist nur Staub, aber wenn er diesen Unterschied sieht, kann er unterscheiden. Das Gebet eines einfachen Dorfbewohners, der Gesang eines Schäfers, der Traum der Kinder und melancholischen Alten, die Geste eines unbekannten Passanten sind auf der Erde ebenso wichtig wie im Himmel. Jedes Wort ist eingeschrieben, jede Träne ist gewogen, jedes Opfer hat sein Gewicht.

Auch auf die Beziehungen von Mensch zu Mensch läßt sich dies anwenden. Die Gleichgültigkeit dem Bösen gegenüber ist der Feind des Guten, denn die Gleichgültigkeit ist der Feind von allem, was dem Menschen zur Ehre gereicht. Gleichgültigkeit gegenüber der Angst des anderen ist verbrecherisch, da sie dessen Angst nur weiter verstärkt. Im äußersten Fall zehrt die Gleichgültigkeit ihr Subjekt wie auch ihr Objekt auf. Derjenige, der sich gleichgültig verhält, ist hiervon ebenso betroffen wie die Person, gegen die sich die Gleichgültigkeit richtet. Was ist Gleichgültigkeit anderes als Blindheit in höchster Potenz? Wer ihr Gefangener ist, hat keinen Blick mehr für die äußere Welt, auch keinen für die innere Welt: Er sieht gar nichts mehr. So ist die Gleichgültigkeit nicht mehr Sünde bzw. nicht mehr nur Sünde, sie ist auch Strafe.

Die Gleichgültigkeit steht weder am Anfang eines Prozesses, noch ist sie dessen Lösung. Hierin ist sie schlimmer als die Verzweiflung. Was nachher ist? Es gibt kein Nachher. Die Traurigkeit kennt Phasen und Variationen – die Gleichgültigkeit nicht. Der Todeskampf kann zur Quelle der Inspiration und Kreativität werden – die Gleichgültigkeit nicht. Die Gleichgültigkeit ist notwendigerweise unfruchtbar. Sie bedeutet Isolierung und Vergessen. Der Gleichgültige steht nicht mehr im Kontakt mit seiner inneren Welt und seiner äußeren Umgebung. Für ihn existiert gar nichts. Die Zeit selbst hat für ihn aufgehört voranzuschreiten. Er kann mit niemandem mehr in Verbindung treten, und niemand kann mit ihm in Verbindung treten. In Wirklichkeit ist er tot – er weiß es nur nicht.

Von daher erklärt sich auch, daß es unbedingt und umgehend notwendig ist, die Gleichgültigkeit zu bekämpfen. In uns und um uns herum. Wir bekämpfen sie durch die Erziehung, wir besiegen sie mit dem Mitleid. Was das wirksamste Heilmittel gegen sie ist? Die Erinnerung. So wie die Gleichgültigkeit das Gegenteil ist von Liebe, Kunst, Glaube, Hoffnung, so ist die Erinnerung das Gegenteil der Gleichgültigkeit und all dessen, was sie erzeugt und was zu ihr gehört. Sich erinnern heißt eine andere Zeit anerkennen als die gegenwärtige; sich erinnern öffnet die Möglichkeit zum Dialog: Indem ich mich an ein Ereignis erinnere, lasse ich es in mir wiedererstehen; dadurch, daß ich mich an ein Gesicht erinnere, definiere ich mich im Verhältnis zu ihm; indem ich mir eine Landschaft ins Gedächtnis rufe, setze ich sie den Mauern entgegen, die mich gefangenhalten. Die Erinnerung an eine zurückliegende Niederlage oder Freude beweist mir, daß nichts endgültig, nichts unwiderruflich ist. Ein Unglück erleben ist schlimm; es vergessen ist schlimmer.

Ist dies auch der Grund, warum unsere Generation nicht loskommt von der Erinnerung? Gleichgültigkeit kennzeichnet unsere Epoche, Gleichgültigkeit gegenüber unzähligen Opfern so mancher Ungerechtigkeiten, aber auch gegenüber unserem eigenen Schicksal. Einerseits liegt es an der Entfernung: Südafrika scheint weit entfernt zu sein. Äthiopien auch. Kamerun noch weiter. Die Väter, die in Gefängnissen leben, die gefoltert werden, sind nicht unsere Väter. Die ausgehungerten und gedemütigten Frauen in den unterentwickelten Ländern sind nicht unsere Schwestern. Offenbar bewohnen sie einen anderen Planeten oder leben in einem anderen Jahrhundert.

Andererseits gibt es die Massenmedien. Das Fernsehen liefert uns Bilder von Massakern und von ausgemergelten Körpern ins Haus. So haben wir die Möglichkeit, menschliche Tragödien mitzuverfolgen, während sie sich ereignen. Als Zuschauer sind wir anwesend beim Tod von Kindern, die in den Armen ihrer Mütter sterben, verfolgen die grausame und brutale Gefangennahme von Schwarzen durch die Polizei in den vielen Sowetos. Aber gerade diese künstliche Nähe kann zur Gleichgültigkeit führen. Wer zu oft Elend und Morde sieht während er zu Abend ißt, gewöhnt sich letztendlich daran. Wir sehen ermordete Gefangene und trinken weiter, plaudern, amüsieren uns vielleicht sogar: Es ist, als wären die Horrorszenen, die sich vor unseren Augen abspielen, nur Bilder der Phantasie, gespielt von Schauspielern. Das banalisierte Böse hat seine Schreckenskraft eingebüßt. Wer dem Tod zu häufig auf dem Bildschirm begegnet, fürchtet sich schließlich nicht mehr vor ihm: Warum soll man Angst vor ihm haben? Wenn er kommt, braucht man nur am Knopf zu drehen und den Kanal zu wechseln.

Im übrigen ist es unausweichlich, daß die Gleichgültigkeit angesichts des Todes anderer uns gegenüber unserem eigenen Tod auch gleichgültig werden läßt. Das treffendste Beispiel hierfür ist unsere Haltung gegenüber der nuklearen Bedrohung. Diese Haltung ist unfaßbar, sie ist durchdrungen von Gleichgültigkeit. Deutlicher noch: Die heutige Welt, so scheint mir, steht der Frage der Kernenergie erstaunlich gleichgültig gegenüber. Diejenigen, die sich in dieser Frage engagieren, sind nur eine kleine Minderheit. Die Gesellschaft insgesamt sorgt sich darum überhaupt nicht. Warum das so ist? Weil man sich machtlos fühlt, dies Problem zu verstehen und es zu lösen? Oder weil man andere Katastrophen, andere Tragödien für vordringlicher, für vorrangiger hält? Mit anderen Worten: Ist die allgemeine Gleichgültigkeit der Menschen eine Folge der vielfältigen Aufgaben, die unseren Einsatz erfordern? Wir können nicht überall sein; wir können nicht gegen jede Ungerechtigkeit protestieren; wir können nicht jede Verfolgung verurteilen, über die wir informiert werden ...

Und dennoch kann man die Gleichgültigkeit nicht nur selektiv bekämpfen. Es ist ungerecht, wollte man sich gefühllos zeigen gegenüber dem Leid einer bestimmten Gruppe von Menschen, nicht jedoch gegenüber dem Schmerz einer anderen. Wer unempfindlich ist gegenüber einer bestimmten Form des Leidens, wird schließlich gegenüber allen Arten des Leidens apathisch werden. Bis zu einem bestimmten Grad kann Gleichgültigkeit auch ansteckend wirken. Sie ist zugleich Fehler und Krankheit, und als solche beeinflußt sie Klima und Landschaft: Viele Ungerechtigkeiten sind ihretwegen begangen worden. Ohne sie wäre eine große Zahl von Opfern noch am Leben.

Die Gleichgültigkeit kann auch als Barometer dienen: An ihr läßt sich messen, wie sehr das Böse, das die Gesellschaft untergräbt, voranschreitet. Ein Beispiel dafür? Die sogenannten „Muselmanen" in den Vernichtungslagern, die ich das „Reich der Nacht" nenne. Wenn sie dem Ende nahe waren, wenn sie nicht mehr kämpften, hörten sie auf zu empfinden. Sie hatten weder Durst noch Hunger; sie dachten an nichts; jedes Bild war von ihren Augen verschwunden. Eingemummt in Decken saßen sie da und warteten darauf, daß der Tod kommt und sie ergreift. Ja, der Tod war schon in ihnen; auch er wartete. Und dann begann ein müder Todesengel, die leeren Gesichter seiner vergessenen Beute langsam und mühevoll zu verschlingen.

Mit anderen Worten: Die Abwesenheit von Angst in Zeiten der Gefahr ist keine Tugend. Im Gegenteil, sie bedeutet oft Gleichgültigkeit; sie kann das Ende vor dem Ende andeuten.

Auch in dieser Situation ist nur die Erinnerung in der Lage, uns aufzurütteln. Wenn wir uns an das erinnern, was vor vierzig Jahren geschah, haben wir die Möglichkeit, weitere Katastrophen zu verhindern. Wenn nicht, so laufen wir Gefahr, zu Opfern unserer eigenen Gleichgültigkeit zu werden. Denn wenn wir uns gegenüber den Lektionen unserer eigenen Vergangenheit gleichgültig verhalten, sind wir es auch gegenüber den Hoffnungen, die unsere Zukunft ausmachen; und warum sollte nicht auch Gott, der Gott des Noach, gleichgültig sein? Wenn wir vergessen, warum sollte er sich dann erinnern? Dies ist meine Sorge: Wenn wir vergessen, werden wir vergessen.

In einer Legende aus dem Midrasch lesen wir: Als Gott sich darauf vorbereitete, dem jüdischen Volk das Gesetz zu geben, hob er den Berg Sinai über die versammelte Menge und sagte zu ihr: Wenn ihr mein Gesetz haltet, werdet ihr leben; wenn ihr euch weigert, es zu halten, werdet ihr hier an Ort und Stelle umkommen.

Unter dem Eindruck einer allgemeinen Furcht sagte das Volk ja.

Dieses Bild paßt auch zu unserer Epoche. Wir leben alle im Schatten einer feurigen Wolke; Gottes Gesetz ist an die Erinnerung an Gott gebunden – wenn wir es halten, werden wir auf diesem Planeten leben. Wenn wir unserem Schicksal gegenüber gleichgültig bleiben und blind vor der Wolke aus Feuer verharren, wird niemand übrigbleiben, um unsere Geschichte zu erzählen.

Aus dem Französischen von Klaus Nientiedt

„Wie soll ich mich von Angst befreien?"

„Wie kannst du dich von etwas befreien,
an das du dich klammerst?"

„Ihr meint,
ich klammerte mich tatsächlich an
meine Ängste?
Das finde ich nicht."

„Überlege, wovor dich deine Ängste schützen
und du wirst mir zustimmen!
Und du wirst deine Torheit erkennen."

Anthony de Mello

Land aller Möglichkeiten

Die Angst der Einsamkeit

VON ALBRECHT GOES

Ich habe keinen Menschen." So war das vor zwanzig Jahren: Ich hatte einen ständigen Predigtauftrag in der Stadt, und eine der beiden Kanzeln, auf denen ich regelmäßig zu stehen hatte, nannte ich – nicht ohne Ernst und am guten Tag nicht ohne ein Lächeln – meinen Schleudersitz; die Kirche lag in dem Rayon, in dem das hohe Konsistorium und der Bischof wohnten, die Herren waren nicht selten meine Predigthörer, und niemand läßt sich (auch im dreißigsten Predigtamtsjahr nicht) von seinen Oberen sagen, daß er in seiner Textauslegung den eigentlichen Zielpunkt, den Skopus, verfehlt habe. Da also war es, daß Johannes fünf, der Bericht vom Kranken am Teich Bethesda, auszulegen war, jene Frage des Herrn: „Willst du gesund werden?" und die Antwort des Kranken, die mit den Worten beginnt: „Herr, ich habe keinen Menschen –." Ich weiß es noch, wie mich dieser einfältige Halbsatz so allesdurchdringend traf, daß ich an diesem Sonntag fast nichts auszulegen wußte als diese vier, fünf Worte; wohl wissend, daß es im Textzusammenhang um etwas anderes ging, um eine konkrete Krankensorge und um eine unmittelbare Hilfe und Heilung. Ich habe keine Aufzeichnung aus jener Zeit, hoffe freilich, damals dann doch nicht ganz vergessen zu haben, was das ist, daß der Heilige heilt. Aber zunächst war das, was mich da anfiel, vordringlich: die Gewißheit, daß das ein Stück Wahrheit in der Welt ist: die Angst der Einsamkeit. Ich schlug den griechischen Text auf, und da hieß es, durch die Wortumstellung noch bedrohlicher: „anthropon uk echo" – das hieß also wohl: ich habe dies und das, Güter, Geräte, Porzellane, Schmückstücke, Fahrzeuge, Bilder, auch Zeichnungen und Porträts von Menschen – aber einen Menschen habe ich nicht.

Die Einsamkeit: ich höre die Vokabel und denke an die, die kraft ihres Amts den Vollgehalt eines Wortes hörbar machen müssen, ich frage sie also, die Dichter, und merke, daß sie geneigt sind, einen Verklärungsschleier über das Wort zu legen. „Die Dichter lügen zuviel": Nietzsches Wort kommt mir in den Sinn, und bei Nietzsche finde ich dies: „Siebente Einsamkeit! / Nie empfand ich / Näher mir süße Sicherheit, / Wärmer der Sonne Blick." Eichendorff fällt mir ein, und wie bei ihm die Vokabel zauberisch mit Wald und Meer verbunden wird; der Harfner aus „Wilhelm Meister" wird vom Besucher beglückwünscht: „Ich finde dich sehr glücklich, daß du dich in der Einsamkeit so angenehm beschäftigen und unterhalten kannst und, da du überall ein Fremdling bist, in deinem Herzen die angenehmste Bekanntschaft findest." Und dann singt der Harfner sein Lied: „Wer sich der Einsamkeit ergibt, / Ach, der ist bald allein." In Schuberts Vertonung des Textes freilich – und es ist das Werk des sehr jungen Schubert – dringen unüberhörbar beide ein: die Öde und die Angst. Und dann ist da, in verwandter Öde und Angst, Mörikes Stimme: „Kann auch ein Mensch des andern auf der Erde / Ganz, wie er möchte sein? – / In langer Nacht bedacht ich mir's / und mußte sagen, nein!"

Aber lassen wir die Dichter. Einsamkeit – das wäre wohl das Altenheim, Sonntag nachmittags um drei Uhr; drei Insassen auf der Etage bekommen Besuch, aber zu mir kommt niemand. Es wäre in den Strafanstalten das Acht-Uhr-Abends, wenn das Licht von der Zentrale ausgelöscht wird und allenfalls noch ein Streichholz übrigbleibt. Aber vielleicht auch das komfortable Zimmer im dreizehnten Stock des Hochhauses; ich habe einen Fernsehapparat, ein Radio, ein Telefon. Aber wer ruft mich an? Und was soll mir der Schaltknopf, wenn dann nichts als Schuberts „Winterreise" kommt: „– welch ein törichtes Verlangen / Treibt mich in die Wüstenein?" Oder ist da jener Mann im öffentlichen Amt, den viele um Rat fragten und der so viele anreden konnte, und nur einen nicht anreden konnte: sich selbst – und so blieb ihm nur der Weg in den einsamen Tod.

Die Angst der Einsamkeit. Ich denke „Angina pectoris" und lasse mir von den Ärzten sagen, was sie zur Heilung beitragen, und weiß, wie sie von Verflechtungen mit Vorgängen der Seele sprechen. Ich höre den Psychiatern zu und den Beichtvätern, denke an ihre Erfahrungen mit geängstetem Geist und bedrängtem Gewissen; und zuweilen scheint mir's, als sei da vor uns nicht eine enge Schlucht, sondern vielmehr ein ungeformt weiter Bezirk aufgetan, ein Land aller Möglichkeiten: Alles *könnte* sein, aber nichts *muß* sein; nichts ist notwendig, und eben die Notwendigkeit wäre schon fast eine Wende der Not. Unverbindlich ist alles, und der Ekel der Langeweile hat große Macht. Wäre da eine Stelle, die den Bedrohten in Pflicht nimmt, wäre eine Stimme da, die „Das bist du" so sagte, daß es der andere hören kann, so wäre die Rettung nicht mehr fern.

Ich höre das Wort eines Fragegeistes aus Bubers Nähe, des Dichters Ludwig Strauß? „Wer ist der, der weiterspricht, wenn wir abbrechen?" Es ist eine Frage, in der schon etwas wie Zuversicht zu wohnen scheint.

Ich sehe mein Gegenüber an. Ich wollte, er kehrte noch einmal zu Mörikes Gedicht zurück – und läse weiter, wie es dort weitergeht hinter dem bitteren „Nein": „Aus Finsternissen hell in mir aufzückt ein Freudenschein: / Sollt' ich mit Gott nicht können sein / So wie ich möchte, Mein und Dein? / Was hielte mich, daß ich's nicht heute werde!" Und ich wüßte wohl, wenn diese Strophe gilt, in einen Bezirk zu weisen, der nicht armselig heißen darf. Gottes Welt, so wollte ich sagen, ist voller Boten; und einige sind da, die du brauchen wirst, und einige, die dich brauchen. Und wären sie nicht anrufbar, so wäre doch dieses wahr und wirklich: der Einsamste von allen, Christus am Kreuz, spricht zum Schächer sein „Heute wirst du mit mir im Paradiese sein", und seine Stimme verhallt nicht.

Aber ich weiß: ich darf nicht damit rechnen, daß mein Partner zu glauben vermag an die Wirklichkeit des Heiligen Geistes als an das Geheimnis, welches die Welt erhält. Ich muß vielmehr damit rechnen, daß er scharf sieht, mit wieviel Surrogaten der Gemeinsamkeit die Welt sich füttert. Nichts für mich, sagt er. Er geht ans Instrument und schlägt drei Töne an, hartnäckig diese drei: e-a-f. Weißt du, was das ist? Das ist Brahms. Ein Thema. Es heißt: e-a-f: „einsam, aber frei". Du kannst es auch umdrehen, Musiker stellen vieles auf den Kopf: f-a-e: „frei, aber einsam". Redlich ist beides.

Wie nehme ich sein Wort auf? Ich werde ihm sagen: gut, keine Surrogate, keine Beschönigungen. Ich werde dir deinen Stand, dein Einsamsein nicht ausreden, nicht wegreden, nicht herabreden. Ist sie dein Los, so ist sie deine Wahrheit, dein Reichtum auch. Inmitten von so viel Weltwirrwarr ist da ein Turm, ein Turm der Stille. Die lautlose Schöpfung ist bei dir, der Orion am Winterhimmel und die Anemonenlichtung im Frühlingswald. Ich weite den Kreis: es sind Einsame da, irgendwo, und – wer weiß? – sie sind noch einsamer als du. Wie hast du dekretiert: einsam, aber frei? Nun frag, wie einer von der Freiheit gelehrt hat, „frei wozu?" Der Junge, der dir um halb sechs in der Frühe die Zeitung in dein Fach steckt, niemand redet mit ihm, um halb sechs schläft die Welt noch: Du bist frei, ihn anzureden. Red ihn an!

„Wer ist der, der weiterredet, wenn wir abbrechen?" Ich horche der Frage nach, und der Frager ist mir nahe, dieser Ludwig Strauß, den sein Lehrer, sein Vater Martin Buber, auch das gelehrt hat: keinen Glauben zu erzwingen. Soll ich antworten: Der Geist der Liebe redet weiter, auch wenn wir nicht reden. Er hört in den Tauben, und er spricht in den Stummen. Und auch dies ist gesagt: Hände sind auf der Welt, die auf dich warten. Wie dürftest, dürftest du vorübergehen?

Und nun doch noch einmal zu den Dichtern. Der achtundzwanzigjährige Goethe wurde von einem jungen Menschen namens Leberecht Plessing in einigen Briefen so angeredet, daß er Beistand leisten mußte. So fuhr er denn nach Wernigerode, um den Sorgensohn – einen Altersgenossen übrigens – zu sehen und zu sprechen. Das Abendgespräch brachte nicht viel – zunächst nicht viel. Goethe gab sich nicht zu erkennen, redete, da auf Weimar die Rede kam, denn auch von Goethe als von einem, den er nur ungefähr kenne. Aber in dem Gedicht „Harzreise im Winter" steht dann, was weit über das erste Gespräch hinausging und den Boden bereitete für die Durchbrechung einer bedrohlichen Einsamkeit; es steht da, was einer zu delegieren wagt, da das eigene Wort nicht weiterreicht: „Ist auf deinem Psalter, / Vater der Liebe, / Ein Ton, seinem Ohre vernehmlich, / So erquicke sein Herz. / Öffne den umwölkten Blick / Über die tausend Quellen / Neben dem Durstenden / in der Wüste."

Persönlich zu sprechen, zuletzt dies – und wer den großen Gegenstand „Angst der Einsamkeit" bedenkt, muß ja zuletzt persönlich sprechen –: Ich werde wohl wie seit Jahr und Tag der Gefangene meines Adressenbuchs bleiben müssen und täglich meine drei, vier Briefe mit der Hand schreiben. Nicht gleich, das versteht sich, wahre Episteln, aber auch nicht nur Zettel, sondern Briefe, weil die Gefährten, die Gefährtinnen und die fernen Nächsten da sind und weil ich weiß, *wie* sie da sind. Der Urlaut, der mich aus dem Bibelwort anfiel, dieses „Ich habe keinen Menschen", ist nicht zu allen Zeiten im Leben eines Menschen bestimmend, er stellt sich unerwartet ein und erlaubt dem Betroffenen nichts als das dumpfe Selbstgespräch des dunkelgefangenen Ich. Ich weiß dann, es wird nicht erlaubt sein, Barrieren mutwillig zu überspringen, und das einfältige „Ich weiß" wird zuweilen alles sein. Ich kann nicht verhüten, daß es dabei „Wernigerode" gibt, ich kann niemanden überreden zu dem Glauben, den ich glaube. Ich fürchte mich ernstlich vor aller „Seelenzergliederung", ich kann nichts weiterreichen als das, was der alte Meister das „Brot des Selbstseins" genannt hat, aber ich glaube für mich und stellvertretend für mein Gegenüber an den Gott, der, wie es im achtundsechzigsten Psalm heißt, „die Einsamen nach Hause bringt" in eben das Haus, in dem sie bei sich und – um des göttlichen Geleitmanns willen – nicht ganz einsam sind.

Oh Mensch, du trittst ein in die Welt,
weinend, wie ein verlassener Säugling.
Oh Mensch, du verläßt dieses Leben beraubt,
weinend wiederum, voll Trauer.
Lebe deshalb dieses Leben so,
daß nichts davon wirklich verschwendet ist.
Du mußt dich an dieses Leben gewöhnen,
da du nicht daran gewöhnt warst.
Nachdem du dich daran gewöhnt hast,
mußt du dich daran gewöhnen, ohne es
auszukommen.
Meditiere über diese Behauptung.

Hashim der Sidqi

Wandlung mit Schmerzen

Die Angst vor Trennung

VON VERENA KAST

Ein Mann, der seine Frau durch Unfalltod verloren hat, beschreibt seine seelische Situation:

„Mein Leben verlief in einigermaßen geordneten Bahnen, die Kinder sind erwachsen, mit meiner Frau hatte ich übliche Probleme. Schwierigkeiten, die auftauchten, konnten gelöst werden. Und dann kam dieser Unfall, und sie ist einfach weg, tot. Ich fühlte mich wie zerrissen, ich vermisse meine Frau, ich weiß gar nicht mehr, was ich soll. Alles, was bisher gegolten hat, gilt nicht mehr. Ich habe mich so gut gefühlt, einfach wohl – und jetzt bin ich zerschlagen, mutlos, müde, hoffnungslos. Ich habe das Gefühl, innerlich auszubluten. Ich bin ganz auf mich zurückgeworfen. Ich habe Angst, daß ich mein Leben nicht mehr bewältigen kann, ich habe keinen Boden mehr unter den Füßen ..."

Was dieser 52jährige Mann hier angesichts der radikalen Trennung durch den Tod eines nahestehenden, geliebten Menschen äußert, wird immer wieder in ähnlicher Weise von Menschen beschrieben, die eine abrupte Trennung durchleben.

Mit Menschen, mit denen wir zusammen leben, verwachsen wir, mit ihnen zusammen wachsen wir aber auch. Es gibt ein gemeinsames Leben, ob wir nun gut miteinander leben oder weniger gut. Verlieren wir einen Menschen, mit dem wir „verwachsen" sind, dann wird getrennt, was sehr zusammengewachsen ist, da wird weiteres zusammen Wachsen nicht mehr möglich, dieser Prozeß ist abgebrochen, abgeschlossen. In dieser Situation des Verlusts fühlen wir uns wie zerrissen, wie dieser Mann sagt, sind auf uns selbst zurückgeworfen, ohne daß wir Boden unter den Füßen hätten, ohne daß wir zunächst den Wunsch haben, auf den eigenen Beinen zu stehen. Ohne Mut zur Angst. Dieser Mann hat nicht nur seine Frau, er hat zunächst auch sich selbst verloren. Er ist in seinem Selbstsein zutiefst verunsichert, nicht etwa weil er schon immer ein in seiner Identität verunsicherter Mensch gewesen wäre, sondern weil der Verlust eines Menschen, mit dem wir zusammengewachsen sind, es immer notwendig macht, daß wir uns auf uns selbst besinnen müssen, als Getrennte, als Zerrissene.

Um dieses Gefühl der Zerrissenheit, der Unsicherheit, der Angst, der möglichen Bodenlosigkeit nicht erleben zu müssen, um nicht erleben zu müssen, daß wir uns dieser Angst stellen und uns behutsam und unter großen Mühen und Schmerzen ablösen müssen vom Menschen, den wir verloren haben, vermeiden wir Trennungen, wo immer wir können. Wenn sie sich nicht vermeiden lassen, dann müssen wir uns trauernd ablösen, indem wir uns noch einmal an den verlorenen Menschen erinnern und uns auch an uns selbst erinnern in der Beziehung zu ihm/zu ihr, herausfinden, was durch die Beziehung zu diesem Menschen in uns belebt worden ist, was ja nicht stirbt mit dem Menschen, der von uns gegangen ist. Diese gute, lebendige Erinnerung, die uns das Wesentliche der verlorenen Beziehung zum Bewußtsein bringt, ist immer auch mit dem Gefühl des Verlusts gekoppelt, steht gegen dieses Gefühl des Verlusts: Dieser Ablöseprozeß, der gleichzeitig ein Selbstwerdeprozeß ist, ist äußerst schmerzhaft.

Wenn wir uns ängstigen vor Trennung, dann um das Erleben des Zerrissenseins zu vermeiden und die dadurch notwendig gewordene Trauerarbeit. Natürlich werden viele Trennungen niemals so radikal erlebt wie die Trennung durch den Tod; dennoch ist es dieses Gefühl des möglichen absoluten Verlorenseins, das uns so ängstigt, ist es das Bild des radikalen Verlusts, das bewußt oder unbewußt hinter unserer Angst vor Trennung steht. Die Angst vor Trennung führt uns zu verschiedenen Vermeidungsstrategien: Wenn andere Menschen sich trennen, wehren wir unsere Beunruhigung ab, indem wir ihre Scheidung als Scheitern abtun, ihnen Vorwürfe machen und es ihnen nicht zugestehen, daß sie trauern. Sie sind schuld, sind Sündenböcke. Menschen, die einen nahen Menschen durch Tod verloren haben, kann man nicht schuldig sprechen, aber auch sie werden oft gemieden – diese radikale Trennungssituation mit ihrer Not wollen wir gern übersehen.

Oft aber auch halten wir uns für besonders treu, halten an einer Beziehung mit einer Ausschließlichkeit fest, die eigentlich nach außen imponiert. Sieht man aber hinter die Fassade, ist man erstaunt über die destruktive Aggressivität, die diese Beziehung vergiftet, über die heimlichen Sticheleien, über die Bestrafungen durch Liebesentzug. Und obwohl da jede äußere Trennung vermieden wird, finden innerlich auf ungute Weise Trennungsprozesse statt.

Oder es werden etwa Beziehungen in Familie idealisiert. Da wird festgestellt, daß diese Familie wirklich zusammenhält, da werden auch notwendige Ablöseschritte nicht gewagt, aber heimlich, unheimlich entwerten sich alle Beteiligten. Im Entwerten drückt sich eine Trennung aus, die aber nicht zum Erwerb von neuem Leben genutzt werden kann. Anstelle des subtilen Entwertens kann auch ständiges Streiten stehen; wir trennen uns innerlich im Streit und bleiben doch – manchmal handgreiflich – ineinander verkrallt. Das Problem von Nähe und Distanz, von Beziehung und Trennung scheint hier gelöst zu sein. Man bleibt, auch als Getrennte, in hautnaher Beziehung, auch wenn wir aus Angst vor Trennung die Trennung vermeiden wollen, sie findet doch statt. Die Frage ist nur, ob sie unseren Beziehungen förderlich ist oder hinderlich.

Betrachten wir die Lebensgeschichte eines Menschen, dann fällt auf, daß jeder Mensch sich immer wieder in gewissen Situationen von Menschen, Ideen usw. trennt und sich dann auf einer neuen Ebene wieder neu entweder an die gleichen Menschen oder an neue Menschen, an neue Ideen bindet.

Nehmen wir als Beispiel einen jungen Erwachsenen, der sich von den Eltern ablöst, sich trennt, sich oft auf sich selbst zurückzieht, feindselig vielleicht sogar wirkt, er selber zu werden versucht, und dann wieder, mehr auf gleicher Ebene mit den Eltern, neu wieder zu ihnen in eine Beziehung tritt.

Dieses Verwachsen mit anderen Menschen, Mit-ihnen-Wachsen – Sich-Trennen und dabei Sich-auf-sich-selbst-Besinnen – und dann Neu-wieder-in-Kontakt-Treten ist eine Bewegung, die wir aus jeder Entwicklung kennen. Wir werden dabei autonomer, mehr wir selbst, lassen uns aber auch immer wieder auf neue Bindungen ein. Dieser Rhythmus des Lebens kann uns nun aber Schwierigkeiten bereiten oder von unseren Beziehungspersonen schwer zu ertragen sein, wenn wir nicht gelernt haben, uns zu trennen und uns neu zu binden. Zum Beispiel dann, wenn bei den vielen kleineren Tren-

nungen im Laufe der Entwicklung des Kindes Eltern vorwurfsvoll reagiert haben, wenn Kinder, stolz auf die ersten eigenen Schritte, sich noch einmal zurück zur
Mutter begeben haben und sich gerade durch diesen
Schritt versichern wollen, daß Trennung auch sein darf,
daß man nicht die Liebe verliert, wenn man sich trennt.
Wenn Eltern altersgemäße Trennungen nicht als Ausdruck der Entwicklung, sondern als bösartiges Verlassen
gedeutet haben, dann kann das Kind nicht die Freude
über die neue Selbständigkeit erleben, sondern es erlebt
die Schuldgefühle, die mit jeder Trennung auch verbunden sind. Vor allem wird dadurch aber die Bindung auf
einer neuen Ebene erschwert. Angst vor Bindung und
Angst vor Trennung gehören zusammen. Vor allem wird
dadurch das Erlebnis verhindert, daß wir Menschen
sind, die sich zwar unter Schmerzen immer wieder trennen, sich aber auch immer wieder neu binden können.
Zusätzlich erschwert wird unsere Möglichkeit des Sich-
Trennens dann, wenn Trennungen als Strafe eingesetzt
werden, wenn Eltern Kinder so strafen, indem sie einfach weggehen.

In allen Beziehungen, die wir erleben, wechseln Phasen der Trennung, in denen wir mehr auf uns selbst be-
zogen sind, mit Phasen der Bindung, in denen wir mehr
mit dem Partner/der Partnerin verwachsen. Dieser
Rhythmus entspricht der Notwendigkeit des Sich-selbst-
sein-Müssens und des Auch-in-Beziehung-stehen-Wol-
lens und -Müssens. Unsere Angst vor Trennung wird oft
schon hier erlebt, bei den kleinen, alltäglichen Trennungen, gar nicht erst bei großen Trennungen, die auch zu
einer Scheidung führen können.

Eine Frau, 38, erzählt, daß sie von ihrem Mann ge-
schlagen wird, daß er auch die Kinder schlägt, daß sie das

alles nicht mehr aushält. Auf den Vorschlag eines Beraters, vorübergehend ins Frauenhaus zu ziehen, reagiert sie mit allen Zeichen des Erschreckens, der Angst. Eine Trennung will sie auf gar keinen Fall, lieber sterben. Es stellt sich im Gespräch heraus, daß sie nie wagt, anderer Ansicht als ihr Mann zu sein, daß sie ihm nie ein Nein entgegenstellt, zumindest nicht verbal, wohl aber in ihren Handlungen, weil sie Angst davor hat, daß er sie verlassen könnte. Auch er formuliert kein Nein – er schlägt.

Angst ist nicht nur das Zeichen, daß wir jetzt in eine Lebenssituation geraten sind, in der wir von einer Gefahr ergriffen sind, in der wir uns prüfen müssen, ob wir der Situation auch gewachsen sind; Angst ist auch immer der Anruf, etwas zu wagen, was uns gefährlich erscheint, hier die Trennung. Fliehen wir zu lange vor einer Angst zurück in einen scheinbar geborgenen Raum, dann wird unsere Hilflosigkeit immer größer, der Geborgenheit versprechende Raum oder die Geborgenheit versprechende Beziehung zu einem Kerker, weil wir nicht mehr aus ihr heraus können. Diese einengenden Tendenzen werden dann gerne dem Partner zugeschrieben, der sie vielleicht auch hat, weil er ein ähnliches Lebensproblem hat; sehr oft aber haben sie primär nicht mit dem Partner zu tun, sondern mit der Angstbarriere, die man sich selber aufgebaut hat.

Dieses Nicht-nein-sagen-Können, dieses Sich-nicht-Abgrenzen durch eigene Wünsche, eigene Bedürfnisse, deren Erfüllung durchaus wieder die Beziehungen bereichern könnte, haben letztlich mit unserer Trennungsangst zu tun, mit der Angst, uns zu verlieren, wenn der andere Mensch nicht einig ist mit uns selbst. Diese Form der Trennungsangst erleben wir natürlich nicht nur in engen persönlichen Beziehungen, diese Form der Trennungsangst durchzieht auch unser gesamtes Arbeitsleben.

Gerade diese nicht wahrgenommenen Trennungsangebote bewirken aber sehr oft, daß plötzlich eine letzte große Trennung stattfindet. Wir wagen es nicht, uns zu uns selbst zu bekennen, unser Anliegen selbst auch entschieden aggressiv – nicht destruktiv – zu verteidigen, zu unserem Selbstsein zu stehen, und dann erfolgt oft eine destruktive Trennung. Sogar dieses sich um jeden Preis nicht Trennen-Wollen hat oft bereits eine destruktive Komponente, bedenken wir, wie, um dieses Ziel zu erreichen, Paare sich z. B. gegenseitig kontrollieren, geradezu einen Kontrollzwang ausüben: Da werden nicht nur Wege kontrolliert, sondern auch Gedanken, Phantasien, Träume – alles im Dienste des bloß einander nicht Verlassen-Müssens.

Die Aggression hat die Funktion, Wünsche, Absichten, Emotionen an einen anderen Menschen heranzutragen, mit der Absicht, zu verändern. Sie setzt voraus, daß wir einen eigenen Wunsch überhaupt haben, setzt also eine gewisse Abgrenzung voraus, schafft aber auch Abgrenzung, besonders dort, wo unser Drang, unser Wunsch, unsere Absicht mit den Absichten der anderen kollidieren. Dort wird die Abgrenzung sehr spürbar, wird die Trennung spürbar. Um diese Trennung und die damit verbundene Angst nicht erleben zu müssen, formulieren wir unsere Bedürfnisse nicht. Anders ausgedrückt: Wer nicht lernt, daß seine Aggression immer wieder mit der aggressiven Selbstbehauptung anderer Menschen zusammenstößt, daß der eigene Wunsch immer auch auf ein Nein stoßen kann, der wird so viel Angst vor Trennung entwickeln, daß er eben seine Wünsche nicht mehr anzubringen wagt. Man läßt dann einander in Ruhe. Dieses Einander-in-Ruhe-Lassen, diese Gleichgültigkeit, die wir dann einander entgegenbringen, hat sehr oft zu tun mit der Angst vor Trennung. Oft ist sie noch verbunden mit Ausdrücken wie „ich liebe dich doch", ohne daß das dazugehörende Gefühl spürbar wäre. Solche Paare wundern sich, wenn man ihnen sagt, sie hätten Trennungsangst. Sie wollen allen beweisen, daß das für sie kein Thema ist. Dabei sind es gerade diese kleinen Trennungen, die Abgrenzungen, an denen wir uns immer wieder üben können, uns auch in Beziehungen als einzelne spüren können, abgegrenzt von den anderen, auch spüren können, wie schwierig dieses Erlebnis für uns ist, dieses Allein-Stehen, aber auch welche guten Gefühle der Autonomie sie uns geben. Sehr oft fürchten wir eine letzte große Trennung und nehmen deshalb die notwendigen kleinen Abgrenzungen nicht wahr, die wir so dringend brauchen, die auch eine Partnerschaft braucht, um lebendig zu bleiben.

Der Angst vor Trennung steht unser menschliches Grundbedürfnis entgegen, auch wir selbst zu sein, unser Bedürfnis nach Autonomie, die Neugier auf das Unerwartete, noch Unerkannte, der Mut zum Risiko, die Freude am Gestalten, das Gefühl der Verantwortlichkeit für uns selbst und für die Beziehung.

Es ist wesentlich, daß wir unsere Trennungsängste wahrnehmen, auch wenn sie sich etwas versteckt zeigen, es ist aber ebenso wesentlich, daß wir unsere Trennungsbedürfnisse akzeptieren. Trennungsbedürfnisse sind nicht Zeichen der Lieblosigkeit, sie stehen gerade im Dienst einer verantwortlichen Liebe. Wir müssen unsere Trennungsängste nicht nur wahrnehmen, wir müssen sie auch ausdrücken, miteinander teilen, einander mitteilen. Das schafft Nähe, Verständnis, Verbundenheit – auch wenn gerade mehr Distanz in der Beziehung angestrebt wird. Formulieren wir Trennungsängste und Trennungswünsche, dann erleben wir Trennungen nicht als Strafe, sondern als notwendige Rückzüge innerhalb von Beziehungen. Wir sollten diese Ängste nicht mit dem Anspruch äußern, daß der Partner sie uns wegnimmt, wir äußern sie, damit wir einander auch in diesen verletzlichen Seiten sehen, Bedürfnisse voneinander wahrnehmen können und uns nicht gegenseitig voreilig bestrafen, weil wir schon den ganz großen Verlust vermuten, eine Angst, die wir immer dann haben, wenn wir das Gefühl haben, daß der Partner uns nicht mehr hört oder wir uns ihm nicht mehr mitteilen können oder wollen.

Wenn immer wir uns binden, müssen wir auch damit rechnen, daß eine radikale Trennung erfolgen kann – etwa durch den Tod. Diese Trennung ist außerordentlich schmerzhaft, und dennoch bringt sie auch ein neues Selbsterleben und die Erfahrung, daß Trennungen uns nicht umbringen, aber unter großen Schmerzen uns wandeln, uns mehr uns selbst sein lassen.

Man stellte Schibli die Frage: „Wer war Dein Führer auf dem PFAD?" Er antwortete: „Ein Hund. Ich beobachtete ihn eines Tages, wie er halbtot vor Durst am Wasser stand. Jedesmal wenn er sein Spiegelbild im Wasser erblickte, erschrak er und wich zurück, weil er es für einen anderen Hund hielt. Schließlich wurde sein Drängen so groß, daß er die Furcht beiseite stieß und ins Wasser sprang; der ‚andere Hund' verschwand. So entdeckte er, daß er selbst das Hindernis war. Die Barriere zwischen ihm und dem Ziel seiner Sehnsucht schmolz dahin. In gleicher Weise verschwand mein eigenes Hindernis, als ich erkannte, daß es das war, was ich für mein eigenes Selbst gehalten hatte. Und mein WEG wurde mir ganz zu Anfang gezeigt durch das Verhalten – eines Hundes."

Idries Shah

Ahnung von Verlust

Die Angst vor dem Abschied

VON KURT HOCK

Wenn es Herbst wird, erinnere ich mich manchmal an ein Bild aus meiner Kindheit. Erste, damals wichtige Empfindungen kehren wieder, zwar von anderen Vorstellungen geprägt, aber mit der gleichen Intensität erlebt wie damals.

Ich sitze vor dem kleinen weißsprossigen Stubenfenster und schaue in den klaren Septemberhimmel. Vom einen auf den anderen Tag haben sich die Schwalben versammelt. Sie sitzen zu Tausenden auf den Telefondrähten, und es werden immer mehr.

Ich spüre gar nicht, wie ihre Zahl wächst, weil fortwährend neue hinzuflügeln, die alten verschrecken, aufschwirren, andere wieder verdrängen, die ihren Platz schon vor Stunden eingenommen haben. Es entsteht ein unruhiges, aufgescheuchtes Gebaren; huschend davontanzende, winzige Schatten durchblitzen die freien Räume. Der Himmel ist dunkelgesprenkelt vom aufgeregten, angstvollen Geflatter. Wie eine überbordende Woge brechen die dünnen, spitz gewordenen Laute über die Landschaft herein.

Bis sich durch einen einzigen schrillen Schrei der geballte Schwarm in seine mit den eigenen Flügeln geschlagene Dunkelheit begibt und gegen den Himmel stürzt. Das ganze wie eine Flucht gegen die Sonne anmutende Treiben dauert nur wenige Sekunden, dann sind die Lüfte leergefegt und die Geräusche verebbt.

Ich sitze noch immer wie gelähmt am Fenster. Von der einen auf die andere Minute erfahre ich den Gegensatz von lärmerfüllter Lebendigkeit und zurückgelassener Stille. Ich habe Schwalben gern, diese hurtigen Frühlingsboten, wie sie mit flinken Fittichen die Wiesen stürmen und abends vor offener Stalltüre ihr vertrautes Lied zwitschern.

Es tut mir weh, wenn sie alle auf einen Schlag davonfliegen.

Es ist ein vehementer Abschied, der mir als Kind ein beeindruckendes Schauspiel bot, aber auch erhebliche Angst bereitet hat.

Denn ich spürte meine Ohnmacht gegenüber dem unaufhaltsamen und sichtbaren Sog, den ich nicht beeinflussen konnte. Aus der Bewegtheit des Bildes enthüllte sich dem Kind schon die Ahnung von Abschied, der Sturm vor der Ruhe, der Schmerz, der jeder Trennung um eine winzige Idee vorausläuft. Und dieses Ahnungsvermögen, die Witterung eines zumindest vorläufigen Bruchs, ist mir erhalten geblieben.

Die Angst war ja sehr wohl begründet; denn mit den ziehenden Vögeln ging auch der Sommer zur Neige. Das Spielen im Freien wurde seltener. Der See kühlte aus. Der Laubwald verging, und wenn ich mir auch ins Gedächtnis rief, daß die Schwalben eines Tages wiederkehren, so trauerte ich doch der vergangenen Zeit nach, weil die Fülle des gelebten Sommers nicht mehr vor mir lag. Das Bild des davonstiebenden Vogelschwarms, seine bizarre Plötzlichkeit stand für die Leere, die den Verlust ausmacht. Ein Stück von der Angst, daß die Vögel einmal nicht wiederkehren könnten, ist bis heute geblieben.

Eine leise und verhaltene Ahnung von Verlust im hereinbrechenden Abschied erlebe ich auch, wenn ich mich von guten Freunden trenne. „Halle der Tränen" nennt man die Bahnhöfe im Land der aufgehenden Sonne. Es ist immer das gleiche Bild. Das Warten auf dem Bahnsteig. Das nebensächliche und in die Rückerinnerung beschwichtigend hineingesprochene Wort. Im Grunde ist alles gesagt. Die schöne, gemeinsam erlebte Zeit neigt sich dem Ende zu. Ich schweige und trete von einem Fuß auf den anderen. Eine leichte Lähmung, ein angstvolles Ausharren will in diesen Sekunden überwunden sein, bevor der Zug einläuft.

Tauben fallen ein mit lauten klatschenden Flügelschlägen. Die unpersönlich überfremdete Lautsprecherstimme der Ansagerin weht wie ein bleierner Vorhang durch das aschgraue Hallengewölbe.

Wenn der Zug endlich daherbraust, der letzte Händedruck vorüber, die Zugtüre geschlossen, die Scheibe hochgeklappt und der Zug sich in Bewegung setzt, hebe ich die Hand zum Gruß, gehe vielleicht noch ein wenig neben dem sich entfernenden Waggon her und spüre beim Winken, daß mit dem davoneilenden Zug ein Stück Gemeinsamkeit schwindet. Trauer bleibt zurück. Doch diese Form von Abschied ist nicht hoffnungslos, weil hinter der Trennung, zumindest oft, eine begründete Aussicht auf eine erneute Begegnung steht.

Endgültiger und tiefgreifender ist dagegen das Abschiednehmen von den Lebensaltern. Die Angst vor dem eigenen Alter tritt dabei nicht so plötzlich zutage, sondern besitzt vielmehr etwas Schleichendes und Unterschwelliges, das ich zuweilen zu verdrängen suche. Nur schwerlich vermag ich mir das Nachlassen der Kräfte, die eigene Unbeweglichkeit, mangelnde Wandlungsfähigkeit und mein nachlassendes Gedächtnis ohne Rechtfertigung einzugestehen.

Die Gesellschaft macht es mir zusätzlich schwer, ehrlich mir selbst gegenüber zu bleiben. Die Jungen, die Erfolgreichen, die Faltenlosen und Dynamischen werden in Wort und Bild vergötzt.

Mit dem Lebendigen und Gesunden beginnt die Anerkennung und die Bestätigung, und wer möchte nicht mit Begeisterung dabeisein, wenn Paris den Apfel wirft?

Ich schaue in den Spiegel. Ich bin nicht mehr jung. Es ist schwer, mir einzugestehen, daß ich älter werde. Ich bin erfindungsreich im Korrigieren, im Vertuschen von kleinen Mängeln. Ich bilde mir ein, wenn ich lache, sind die Falten nicht einmal so häßlich, ich betrüge mich hier ein bißchen, mogele mich da ein wenig an der Wahrheit vorbei und bin mir fortwährend bewußt, daß ich längst Abschied genommen habe von der lebendigen Frische früherer Tage.

Warum nur habe ich Angst vor dem Altern, vor diesem langsamen Abschiednehmen? Es ist nicht Liebesverlust, nicht Einsamkeit oder etwa die Angst vor der Verachtung und Interesselosigkeit, mit der eine erfolgsüchtige Gesellschaft den altwerdenden Menschen auf eine gleichgültige und oft grausame Weise diskreditiert. Es ist vielmehr der Anspruch, den ich an mich selbst stelle. Und manchmal ertappe ich mich dabei, daß ich mich auflehne gegen den Weg, der irgendwann zu Ende geht, und ich suche noch einmal eine Kurve zu schlagen, wie ich den unerbittlichen Symptomen geschickt entschlüpfen könnte.

Dann fange ich an zu vergleichen. Auf Klassentreffen etwa; ich beginne plötzlich zu relativieren und registriere mit einer Portion selbstgefälliger Genugtuung: So bürgerlich eingesessen, so ohne jede geistige Beweglichkeit, so ohne Hoffnung und Zukunftserwartung, so lebendig begraben bin ich noch nicht. Ganz bestimmt werden die anderen ähnliche Gedanken hegen, wenn sie mich nach Jahren wiedersehen.

Trotzdem, dieser schwache Trost, diese vordergründige Selbsttäuschung hält nicht lange vor. Sie wird immer wieder gebrochen, wenn ich empfinde, daß junge Menschen viele Dinge weitaus besser, schneller und lebendiger vollziehen. Ich stelle mir häufig die gleiche Frage, bin ich nicht reif genug, mir einzugestehen, daß ich ohne all diese Ängste alt werden darf? Warum macht mich der Abschied vom jungen Menschen so traurig und unsicher? Ist es so, daß ich mit dem Altwerden auch den Tod als Determination der eigenen Zeitlichkeit noch nicht bewußt und ohne innere Auflehnung angenommen habe?

Es ist ein langer Weg, diese Einsicht zu leben!

Wir nehmen nicht nur Abschied von Lebensepochen, von Kindheit, Elternhaus und Beziehungen, von umstrittenen Charaktermerkmalen und von Aspekten unserer Persönlichkeit. Wir nehmen ebenso Abschied von unverwirklichten und manchmal so innig ersehnten Zielen, von Lebensplänen, von jenem großen Wurf, von dem phantastischen Ereignis, das wir uns immer schon erträumt haben.

Über den Zenit meiner kreativen Kraft bin ich hinaus, aber ich gebe die Hoffnung nicht auf, mich immer wieder von neuem ins schöpferische Gestalten hineinzustürzen.

Das gelingt mir nicht ohne Ängste, nicht ohne Abschiedsschmerz. Wenn mich am Tage der nüchterne Beruf mit der Mühseligkeit seiner Alltagsform ausgelaugt hat, bekomme ich Angst, daß ich die Zeit, die ich am Abend dem Schreiben widmen möchte, benötige, um mich für den nächsten Arbeitstag zu regenerieren. Ich wehre mich gegen den Energieverlust mit all meiner Kraft. Aber wieviel Kraft bleibt mir am Ende noch?

Ich kann mir ein Leben ohne die Lust am Schöpferischen nicht vorstellen. Mir fällt der Mythus von Sisyphus ein, der nicht müde wird, seinen Stein zu rollen, und ihn immer wieder zu Tal poltern sehen muß. Dabei habe ich Angst, daß mir eines Tages sogar der Stein abhanden kommen könnte. Und es überfällt mich ein Stück jener Trauer, die diesem Bild innewohnt, die Angst, Abschied nehmen zu müssen von einer mir selbst abgeforderten Anstrengung, die zu meinem Lebensinhalt, die ganz zu mir selbst gehört.

In letzter Zeit erschrecke ich immer mehr vor einem anscheinend unaufhaltsamen Abschied, der nicht nur mich, sondern uns alle angeht. Ich meine nicht die Gefahr und das Entsetzen vor einem atomaren Holocaust mit den Begleiterscheinungen seines ungetümen Vernichtungspotentials. Viel größer sind meine Ängste vor der langsamen und systematischen Zerstörung unseres Planeten.

Ich sehe wie wir Abschied nehmen müssen von einer dahinsiechenden und krank gewordenen Umwelt, wie wir die Erde vergiften und ausbeuten. Ohne große Gegenwehr müssen wir zusehen, wie die Flüsse umkippen und die letzten Fische verätzen und verkrebsen, weil eine brutale, gewissenlose und menschenverachtende Industrie eher bereit ist, die Gewässer zu verseuchen, als ihr Produkt zu verteuern.

Wenn ich die absterbenden Baumkronen der Wälder

hinter unserem Haus betrachte und schmerzlich mit anschauen muß, wie staatliche Flurbereinigungsbehörden Bäume und Hecken kappen und damit die letzten Brutstätten der Singvögel beseitigen, wenn Brachländer und Tümpel trockengelegt, der Rest an Obstbäumen gefällt ist, damit die Traktoren mit höchstmöglichster Geschwindigkeit über die Äcker rasen, um unsere Überschußproduktionen für das nächste Jahrzehnt zu garantieren, dann tut dieser Abschied bitter weh!

Es steckt eine fatalistische Ohnmacht darin, zu durchschauen, daß wir uns mit diesem Vorgehen selbst ersticken und uns die Luft nehmen, die zum Überleben notwendig wäre.

Wie jedes Jahr freue ich mich nach einem langen Winter auf den Frühling, auf die ersten Sonnenstrahlen, auf die beginnende Blüte, auf die hellen und fröhlichen Vogelstimmen, die ein neues Erwachen begleiten. Aber tief in meinem Herzen sitzt das Mißtrauen wie ein Klumpen Teer, ob nicht hinter dem endlosen Blau des Himmels, hinter dem Aufblühen in der Natur, hinter dem Hervorbrechen der Knospen unsichtbar die radioaktive Verseuchung lauert. Vielleicht sind meine Ängste unbegründet, weil ich den Grad der Gefährdung nicht einzuschätzen weiß.

Möglicherweise wird sich ein künftiger Mensch daran gewöhnen müssen, Abschied zu nehmen von einer gesunden Luft, und möglicherweise wird er lernen, mit dieser Angst zu leben.

Wehrlose Tier- und Pflanzenarten gehen uns voraus. Es ist ein ebenso angstvoller wie tragischer Abschied. Eines Tages wird vielleicht kein Vogel mehr singen, weil darin kein ökonomischer Wertbegriff auszumachen ist, weil kein sozialproduktives Wachstum dabei entsteht.

Übrig bleibt möglicherweise das gegen die Umweltgifte resistent gewordene Ungeziefer und eine antiseptische Spezies Mensch mit den Imaginationen von Gentechnologien, Mikrochips und Datenbanken.

Mich ängstigt die Vorstellung, unter solchen Umständen alt zu werden.

Es gibt Zeiten, da denke ich häufig über den endgültigen Abschied nach. Ich erinnere mich dann an das nicht enden wollende Siechtum meines Vaters, der über Jahre mit dem Tod gerungen hat und bis zum Schluß, angeschlossen an die lebensverlängernden Apparaturen auf Intensivstationen, zu einem bewußtseinslosen Leben verurteilt war und sich sein Sterben redlich erkämpfen mußte.

Manchmal bilde ich mir ein, daß ich vor dem Tod nicht unbedingt große Angst verspüre, aber die Angst vor dem Abschiednehmen bedrückt mich sehr. Einfach aus dem Gesichtskreis mir liebgewordener und vertrauter Menschen zu verschwinden. Die Sehnsucht und den Hunger nach Leben verlieren zu müssen, mit den anderen nicht mehr dazusein, ihre Freude und ihre Trauer nicht mehr teilen zu können.

Nicht zu wissen, wie mich der Abschied ereilt, unvorbereitet und jäh oder mit jenem endlosen Verzweifeltsein im Herzen, mit dem sich mein Vater in seinen letzten Stunden gegen den Übergang aufbäumte.

Eigenartigerweise erwächst mir, ohne daß ich es begründen könnte, aus diesen diffusen Ängsten ein Stück neue Lebenskraft. Diese Kraft entpringt nicht dem Nachdenken über den Tod als Folge einer Fügung in die Unabänderlichkeit des Ablaufes von Leben und Sterben.

Sie kommt aus der Hoffnung, daß es mir eines Tages

gelingen möge, mich auch von dieser Angst zu lösen, daß ein letztes Abschiednehmen nicht Tod bedeutet, sondern Übergang und Verwandlung. Vielleicht kann ich einmal diese Zuversicht nicht nur vom Kopf her betrachten, sondern auch die befreiende Kraft dieser Verwandlung spüren und erfahren.

Ich kehre zurück in das Kindheitsbild mit den unzähligen Schwalben und dem ohrenbetäubenden, lufterschütternden Aufbrausen in den blauen Septemberhimmel hinein.

Ich ahne die Unruhe, welche die Vögel in den Süden treibt, und spüre die Leere danach wie damals sehr schmerzlich. Diese im Bild aufgehobene Trauer wird sich nur in der Erinnerung nachvollziehen lassen.

Denn es gibt bei uns hier nicht mehr diese unendliche Fülle von Schwalben, die mir den Aufbruch signalisieren könnten. Auch denke ich viel lieber an ihre Wiederkehr im Frühling, die mich die Angst vor dem Abschied vergessen läßt.

Denke daran,
wenn ein Hund bellt und du dich darüber ärgerst:

es könnte sein,
daß er eine Gefahr signalisieren möchte –
während du glaubst, daß er dich anbellt.

Du hast ihn mißverstanden.

Hakim Tahirdschan von Kafka

Nicht zuviel,
zu wenig Angst

Die Angst vor dem kollektiven Untergang

VON VILMA STURM

Von den Dächern heulen die Sirenen. An der Wand leuchtet die furchtbare Schrift MENETEKEL. In den Flüssen sterben die Fische, im Wald die Bäume, in der Luft schwebt strahlend der Tod.

Wir haben Angst.

Die Angst, die jeder vor seinem eigenen Tod empfindet, wird überschattet von der Angst, es könnte mit uns allen, mit den Menschen und mit Gottes Schöpfung, in kurzem zu Ende sein.

Wir haben Angst.

Zahlreich sind die Gegenstände dieser Angst. Obenan steht die Angst vor der Auslöschung des Planeten durch die Bombe, willentlich oder versehentlich herbeigeführt durch die Absicht der Machthaber oder durch einen Computer-Irrtum. Kaum weniger Angst gilt der lautlosen, der schleichenden Vernichtung des Lebens auf dieser Erde durch die Verseuchung von Luft, Wasser und Boden mittels der Gifte, die wir in unvorstellbarer Menge produzieren. Die Hungerkatastrophen in den Ländern der südlichen Erdhälfte erfüllen uns mit Angst ebenso wie die Bevölkerungsexplosion in diesen Bereichen.

Wir haben Angst vor AIDS und SDI, vor dem Loch in der Ozonschicht und dem Schmelzen der Polarkappen, weil der übermäßige Ausstoß von Kohlendioxyd die Luft überwärmt.

Wir haben Angst vor dem kollektiven Untergang. Vor der Ver-Wüstung ganzer Landstriche, vor der Bodenerosion, die manche für die bedrohlichste aller Gefahren halten. Wir haben Angst vor dem Zusammenbruch der Weltwirtschaft, hervorgerufen durch die Verschuldung der Länder der Dritten Welt; 109 Milliarden Schulden beispielsweise hat Brasilien.

Wir haben Angst vor den Bergen von Giftmüll, deren wir nicht mehr Herr werden, vor der steigenden Zahl der Gewalttaten, vor dem Terrosismus in aller Welt. Wir haben Angst vor den unabsehbaren Folgen der Gentechnologie, insbesondere soweit sie vorgeburtliche Selektion betreibt; vor den Ärzten, die mit Embryonen hantieren, Befruchtungen im Reagenzglas vornehmen, die befruchteten Eier transplantieren und wieder herausspülen, die Embryonen splitten und wieder einfrieren und schon an der Herstellung einer künstlichen Gebärmutter arbeiten.

Wir haben Angst. Haben wir Angst? Ist Angst uns allen gemeinsam?

Wenigstens dürfen wir endlich von ihr sprechen, ohne der Hysterie, der Panikmache beschuldigt zu werden. Vor noch gar nicht so langer Zeit waren die, die von Angst sprachen, wenig gelitten in der anscheinend so heilen Wohlstandswelt. Die freiheitliche Ordnung, das wachsende Bruttosozialprodukt, die niedrige Inflationsrate, die Vollbeschäftigung – das waren die Trümpfe derer, die das drohende Unheil nicht wahrhaben wollten. Doch mehrt sich die Erkenntnis, daß der Alarm nicht länger überhört werden darf. Nur noch ein paar Sonntagsspaziergänger behaupten, der Wald sei doch immer noch grün und Laub und Nadeln reichlich vorhanden. Nur die Rüstungsindustrie hält fest an der Theorie, daß Vermehrung von Waffen mehr Sicherheit bedeute. Und nur die forschen Politiker lehnen Angst als solche rundherum ab.

Angst, sagen sie, ist ein schlechter Ratgeber. Angst lähmt und verwirrt und verhindert die rettenden Taten. Die Angstmacher mit ihren maßlosen Übertreibungen kochen auf der Angst ihr politisches Süppchen, sie demoralisieren – nach außen – die Verteidigungsbereitschaft und knebeln – nach innen – die wirtschaftliche Entwicklung; sie verlieren die Maßstäbe, sehen nur noch Rot oder Grün statt der Farbenvielfalt, die alles so gedeihlich in Gang hält. Nein, sagen die forschen Politiker, keine Angst! Packen wir's an, weiter so! Unsere Atomkraftwerke sind sicher bis auf das Restrisiko, die Waffen geben uns Schutz und Sicherheit, die Gifte helfen der Landwirtschaft und der Medizin, den Hunger bekommen wir in den Griff, und wo es an Rohstoffen und Energie mangelt, werden neue Technologien die Lücken schließen.

Aber auch da, wo Angst zugelassen wird, kann sie recht verschiedene Gegenstände haben. Vielfach halten die einen die Angst der anderen für eine Angst am falschen Platz. Wo die einen die Russen fürchten und den Einmarsch des Feindes aus dem Osten, da fürchten die anderen die Waffen, die uns vor ihnen schützen sollen. Wo die einen die Entscheidungen des Generalsekretärs fürchten, da fürchten die anderen die des Präsidenten. Angst vor Schwarz haben die Linken, Angst vor Rot und Grün die Rechten. Die Betreiber der Kernkraftwerke haben angeblich Angst davor, daß „die Lichter ausgehen" könnten (aber das glauben sie wohl selber nicht!). Die Aussteiger hingegen fürchten den langsamen oder plötzlichen Strahlentod. Die einen spielen die Folgen von Tschernobyl herunter in der Angst, es könne den eigenen Unternehmen an den Kragen gehen; die anderen schreien voller Entsetzen: „Tschernobyl ist überall"; wirtschaftliche Verluste und die Minderung von Arbeitsplätzen erscheinen ihnen zweitrangig angesichts eines möglichen großen GAU.

Trotzdem sind die Stimmen der Angst unüberhörbar geworden, und die Warnungen, seit so langer Zeit schon unter die Leute gebracht, fangen an, ihre Wirkung zu tun. Endlich. Spät genug.

Denn schon seit den sechziger Jahren gibt es die ersten Nachrichten über die Hungerkatastrophen in der südlichen Erdhälfte. Seit fünfzehn Jahren gibt es die Untersuchungen des Club of Rome über die Grenzen des Wachstums, seit sieben Jahren die Studie „Global 2000" für den amerikanischen Präsidenten. Vor sieben Jahren erreichten uns auch die ersten Informationen darüber, daß die USA einen Atomkrieg für machbar und gewinnbar, jedenfalls nicht mehr für unmöglich halten. Und seitdem folgt ein Schreckensszenario dem andern.

Die Angst vor dem kollektiven Untergang gilt aber nicht nur den Ereignissen in der Außenwelt. Möglicherweise sind die Kriegs-, Umwelt- und Hungerkatastrophen nur die Außenseite vom katastrophalen Zustand unserer Innenwelt, wo Sexualität und Gewalt so bedrohlich in den Vordergrund gerückt sind, hinausgetreten aus dem Schatten der Tabuierung ins helle Licht. In den Sex-Shops, den Peep-Shows und den Porno-Magazinen ist die Sexualität, kommerzialisiert bis zum Erbrechen, auf einer untersten Stufe angekommen. Eine weise Formulierung sagt, daß Kultur in Umwegen besteht. Das Prompte ist das Barbarische, allzu prompt sind wir geworden, haben alle Umwege begradigt, alle Hemmschwellen eingeebnet, den Aufschub, aus dem Gesittung entsteht, beseitigt. Enthemmt wurde auch der Drang zur Gewalttätigkeit. Die Produzenten von Video-Kassetten scheuen nicht einmal vor der Darstellung der Menschenfresserei zurück. Jugendliche gestehen nach einer Mordtat, sie hätten wissen wollen, wie das ist, jemanden umzubringen. Neugier ist das einzige Empfinden, das übrigblieb in der totalen Gefühlskälte, in der sie zu Hause sind.

Ist dieser Zustand der Innenwelt viel weniger gefährlich als die Raketen und Gifte, die uns von außen bedrohen? Wie sollen wir dieser Bedrohung Herr werden ohne die Kraft der großen, der bedeutenden Gefühle, der Gefühle, die aus Liebe und Verehrung der Schöpfung erwachsen? Sie welken dahin in den Kindern, deren Kindheit durch das Fernsehen zerstört, deren Lebensraum vermarktet wird. Den Machenschaften der Werbung sind die Kinder noch hilfloser ausgeliefert als die Erwachsenen, widerstandslos treiben sie dahin im Strom nichtigen, geschmacklosen Plunders, der ihnen allenthalben zur Selbstbedienung feilgeboten wird; zu schweigen von Alkohol und Nikotin und harten Drogen, die in die Kinderwelt eingebrochen sind und sie verheeren. Die Verrohung der Sitten, Hand in Hand mit der Verkommenheit unserer täglichen Sprache! Die Selbstherrlichkeit im Umgang mit ungeborenem Leben wie im Umgang mit den Tieren, die auf alle erdenkliche Art, in den Labors, bei den Transporten, als lästig gewordene Haustiere gequält werden!

Deshalb sollten wir, wenn wir den kollektiven Untergang bedenken, auch auf den Zustand der Innenwelt unsere Aufmerksamkeit richten. Beide haben wohl miteinander zu tun, vor beiden müssen wir Angst haben.

Müssen wir Angst haben?

Ich denke: Ja.

Mag auch der einzelne bei dieser oder jener Gelegenheit Angst als lähmend empfinden: in dem Boot, in dem wir alle zusammen sitzen, ist sie eine antreibende Kraft. Wir können nicht genug davon haben.

In unserer augenblicklichen Situation ist Angst lebensnotwendig. Sie warnt uns vor den Gefahren, die auf uns zukommen, und verhindert den leichtfertigen Umgang mit den Zündstoffen. Nicht zuviel, zuwenig Angst haben wir. Der Philosoph Günther Anders, schon seit dreißig Jahren ein Rufer und Warner, findet, wir seien „Analphabeten der Angst", gemessen an dem Quantum an Angst, das wir eigentlich aufzubringen hätten. Er beklagt, daß unser Wissen von den zukünftigen Schrecknissen nicht eindringe in unsere Gefühle und Handlungen. Wir führen, so sagt er, ein merkwürdiges Doppelleben: Neben oder über dem Alltag mit seinen mehr oder weniger banalen Verrichtungen das ungeheuerliche, das millionenfache Vernichtungspotential – das verdrängen wir. Gefordert wäre, daß wir unsere Phantasie aktivieren und nicht zurückweichen vor den Bildern, von denen wir durch Hiroshima und Nagasaki eine wenn auch nur schwache und undeutliche Vorstellung haben könnten. Gefordert wäre, daß wir uns einlassen auf das so unmöglich erscheinende Mögliche. Daß wir das wirklich *sehen*: Flächenbrände und Feuerstürme, Vögel, die tot vom Himmel fallen, Tonnen von Staub und Asche, verdampftes, geschmolzenes, verbranntes Fleisch; abgestorbene Bäume und Pflanzen, das Land übersät mit Millionen toter oder kranker Menschen und Tiere, und keine Hilfe für die Überlebenden. Versuchter Boden, verseuchtes Wasser, verseuchte Luft ...

Es liegt nicht nur am großen Geld, wenn all das, was zur Rettung der Umwelt, zur Stillung des Hungers, zur Abschaffung der Waffen getan werden müßte, gar nicht oder erst später, oder zu halbherzig geschieht. Es liegt auch daran, daß wir nicht genug Angst haben.

Aber das Bevorstehende steht an und hockt schon auf der Schwelle und neben unserem Bettpfosten. Unsere Wahrnehmung davon ist zu schwach. Wir konsumieren fort und fort, weniger zur Befriedigung unserer Bedürfnisse, als weil uns die Ware angeboten und aufgedrängt wird, weil es Ware so massenhaft gibt, in Stapeln zum Wühlen, in Regalen zum Greifen, auf Ständern aufgereiht zum Auf- und Abblättern, herausquellend aus den Läden auf die Straßen, die Wäsche, die Bücher, das Porzellan. Ware, zu nichts weiterem bestimmt, als Abfall zu werden. Wir fühlen uns in die Pflicht genommen zu „maximaler Verbrauchsanstrengung", damit Investitionen ermöglicht und Arbeitsplätze erhalten bleiben. Wir produzieren jenes permanente Wachstum, das es in der Natur nicht gibt außer in der Krebszelle. Jeder Oberschüler, so sagt Hoimar von Ditfurth, kann ausrechnen, zu welchen ungeheuerlichen Konsequenzen wachsende Wachstumsprozesse in kürzester Zeit unweigerlich führen.

Aber solch vernünftige Argumente für ein alternatives Verhalten fruchten nicht und führen nicht zu den Anstrengungen, die von uns erwartet und verlangt werden. Wir brauchen den Mut der Todesangst, den Mut des Bergsteigers in der Gletscherspalte, den Mut des Ertrinkenden und den des letzten Bewohners im brennenden Haus. Wir brauchen den Mut, der in solchen Todesängsten ungeahnte Kräfte verleiht, der weder seine Ohnmacht beklagt noch resigniert seine geringen Chancen berechnet. Den Mut, der an nichts anderes denkt, als wie er da herauskommt.

Von Tag zu Tag wächst die Zahl derer, die diesen Mut besitzen.

Ja, es gibt einen Königsweg der Angstbewältigung, in der verantwortlichen und authentischen Lebensführung, in der Hingabe an das Unbekannte, das Unfaßbare an den Grenzen unserer Existenz. Und ihr sind wir in der bewußten Kontaktaufnahme mit der wahrgenommenen, gefühlten Gegenwart am nächsten.

Willi Butollo

Wir leben gezählte Tage

Die Angst der Alternden, der Alten

VON HEINZ PIONTEK

Wenn ich an meine Kindheit zurückdenke, also ein halbes Jahrhundert zurück, und an jene Bücher, die ich damals las, so müssen sie insgesamt die Vorstellung in mir geweckt und genährt haben, das Leben alter Menschen sei etwas Wunderbares. Natürlich verspürte ich auch den unter Kindern weitverbreiteten Wunsch, möglichst rasch zu den Erwachsenen zu gehören. Aber weit lieber versetzte ich mich in sehr Alte oder – mit einem langsam aussterbenden Wort – in sehr Betagte.

Was mich an ihnen vor allem anzog, war die Annahme, höheres Alter sei gleichzusetzen mit heiterer Seelenruhe, Güte, stiller Nachdenklichkeit, mit dem Wissen und der Weitsichtigkeit aufgrund eines großen Schatzes von Erinnerungen. Ein alter Mann, so dachte ich, sei ohne Angst und Furcht. Seine Angstlosigkeit komme aber nicht aus der Fülle physischer Kraft und der trotzigen Kühnheit des Geistes, wie sie die Helden meiner Bücher besaßen, die in den sogenannten besten Jahren standen. Jene Gelassenheit, die mir vorschwebte, beruhte auf Geduld und Zähigkeit, beruhte darauf, daß ich mir die Alten als wunschlos, bedürfnislos glücklich imaginierte, als Menschen, die nichts zu gewinnen und nichts mehr zu verlieren haben. Und ich war überzeugt, sie hätten das Wesen der Welt durchschaut und es durchweg als *eitel* erkannt.

Zwar wußte ich damals noch nichts von den biblischen Worten, die dem Prediger Salomo zugeschrieben werden, nämlich: „Es ist alles ganz eitel, sprach der Prediger ... Ich sah an alles Tun, was unter der Sonne geschieht, und siehe, es war alles eitel." Aber eine merkwürdige Ahnung eröffnete mir Zehn- oder Zwölfjährigem, dieser von allen Lasten und Zwängen befreite, unerschütterliche Gleichmut müsse sich als Ergebnis jedes langen Lebens einstellen.

Heute, da ich über eine beträchtliche Anzahl eigener Erfahrungen mit dem Älter- und Altwerden verfüge, muß ich allerdings gestehen, daß sich die geheime Sehnsucht aus Kindertagen bei mir lediglich bruchstückhaft oder zeitweise verwirklicht. Vielen mit mir Gleichaltrigen und Älteren, die zu meinem näheren Kreis zählen, scheint es nicht anders zu ergehen. Ja ich möchte behaupten, daß der alternde Mensch mindestens wieder so angstanfällig wird, wie er es einst in der Kindheitsphase war.

Selbstredend plagen den Alten andere Ängste als den Jungen. Etwa diejenigen vor schwerer Krankheit, irreparablen Gesundheitsschäden und vor allmählich, doch unaufhaltsam wachsenden Schmerzen. „Er ängstigt sich in seinem Leibe" – wie es in den Psalmen des Alten Testaments unübertroffen heißt. Dieser Leib wird zum unabsehbaren Angstkomplex. Es beginnt damit, daß man das Abnehmen seiner Kräfte und Sinne bemerkt, das Verschwinden von Schönheit und Ansehnlichkeit, und es endet mit dem Entsetzen vor dem endgültigen Zurücklassen des Körpers als Leichnam, als Kadaver, also vor dem Verlust der Gestalt, mit der sich der Mensch identifiziert, und mit dem unheimlichen Schrecken vor dem, was danach kommt und von dem wir – rein wissenschaftlich – so gut wie nichts wissen. Dazwischen liegen zahllose Momente der Angst, schwächere oder stärkere, ursächlich bedingt durch bio-psychische Erscheinungen wie Abnutzung, Minderung, Hilfsbedürftigkeit, Stumpfheit, Aufhören, Stillstand.

Dies alles ist alten Menschen nicht nur aus dem eigenen Leben und Miterleben vertraut, sondern auch aus tausend und abertausend Büchern, Dokumenten und Werken der Kunst. Denken wir bloß einmal an Kierkegaard, den nichts beschönigenden Philosophen, der das Menschenleben als „Furcht und Zittern" umschrieb. Oder an einen Satz des Barockdichters Andreas Gryphius, der zu den Überlebenden der Greueltaten des Dreißigjährigen Krieges gehörte. Sein Satz lautet: „Ich habe meine Zeit in heißer Angst verbracht."

Hier werden also nicht allein die Altersängste angesprochen. Gryphius' Feststellung bezieht sich auf sein Existieren insgesamt. Angst: der ein Leben lang an unsere Fersen geheftete Schatten! Gerade heutzutage, glaube ich, werden viele in diesem Bild ihre eigene Situation wiedererkennen. Gehört doch die Angst, die existentielle wie die globale, in unserer Zeit zu den am meisten erwogenen und erörterten Phänomenen. Warum? Weil sich die Mehrheit der Lebenden von Angst, Entsetzen und Panik eingekreist, umzingelt fühlt.

Ich erinnere mich an die letzten vierziger und die folgenden fünfziger Jahre, die man heute ab und zu „die goldenen" nennen hört. Es scheint, als habe man weithin vergessen, daß auch damals schon allenthalben Angst und Ängste grassierten. Sie waren das Hauptthema der in jenen Jahren die Diskussionen beherrschenden Existenzphilosophie, die den Menschen als einen „geworfenen" verstand, von einer „Seinsverfinsterung" sprach und vom Deus absconditus. Der Titel eines lyrischen Werkes von W. H. Auden wurde viel zitiert: „Das Zeitalter der Angst." Was damals so oft beschworen und durchdacht wurde, rückte erst in den Hintergrund, als es zu einer Art Mode wurde, sich über die Angst zu verbreiten.

Dieses Kommen und Gehen von Zeiterscheinungen des Fühlens wie des Denkens bleibt für all jene ohne Bedeutung, denen die Angst wirklich bis aufs Blut zusetzt. Denn wer weiter unter ihr leidet, muß auch weiter gegen sie ankämpfen, sich ihr gegenüber zu behaupten versuchen, mit aller Willens- und Lebenskraft, ja mit dem Mut der Verzweiflung: gleichviel, ob nun die Angst im Mittelpunkt der allgemeinen Aufmerksamkeit steht oder nicht.

Sonderbar, einerseits wird gegenwärtig die Angst überall, nicht zuletzt in den Medien, zur Sprache gebracht; andererseits bemüht man sich in unserer Gesellschaft, etwa die Angst vor dem Alter zu mildern, wenn nicht zu bemänteln. Mit großer Zustimmung heißt man eine neue Sprachregelung gut, der zufolge die Alten nunmehr „Senioren" genannt werden, das Altenheim als „Clubheim für Senioren" oder „Wohnstift" oder „Ruhesitz" bezeichnet wird. Ein Wort wie „Greis" ist fast tabu, lieber spricht man vom „alten Semester", vom Zugehörigen „zur alten Schule", vom Patriarchen, und Mitglieder einer Selbsthilfeorganisation der Alten geben sich als „Graue Panther" aus.

Das muß durchaus nicht ironisch abgelehnt werden. Denn tritt hier nicht unter anderem auch eine Reaktion auf den übertriebenen Jugendkult unserer Tage in Erscheinung? Wo eine Gesellschaft allein den Jungen so vieles im Übermaß einräumt, haben die Alten in meinen

Augen durchaus das Recht, ihren Anspruch als einmal Jung-Gewesene geltend zu machen. Wenn es ihnen Erleichterung verschafft, warum sollten sie dann ihre gesellschaftliche Rolle nicht als diejenige von „Senioren" auffassen?

Als ich etwa dreißig Jahre alt war, schrieb ich ein Gedicht, das mit folgendem Vers endete:

„Wir leben gezählte Tage."

Damals meinte ich, etwas ein für allemal begriffen zu haben. Ich nahm mir vor, mich in Zukunft so oft wie möglich daran zu erinnern. Doch wie es so geht, eine Menge anscheinend sehr naheliegender Dinge lenkte mich ab, und ich dachte geraume Zeit höchst selten daran, mir endlich wieder den Vers innerlich vorzusagen und mir dabei jene Einsicht von neuem vorzuhalten, die mich damals so betroffen gemacht, mir so tief eingeleuchtet hatte. Diese nämlich: Daß meine Lebenszeit seit dem Tag der Geburt abläuft, unaufhaltsam sich täglich verringert, jeder einzelne Tag zählt, ohne Ausnahme, und keine Macht der Welt ist dazu imstande, die mir zugemessenen Tage zu verlängern.

Sicherlich, wir haben in unseren frühen und mittleren Jahrzehnten den berechtigten Eindruck, es gehe ständig vorwärts und aufwärts mit uns; über eine lange Frist spüren wir ein kontinuierliches Zunehmen unserer Körper- und Geisteskräfte. Und dennoch – wenn ich es einmal paradox formulieren darf:

Mit jedem Tag verlängert sich mein kürzer werdendes Leben.

In diesem Paradoxon haben wir es noch einmal mit derselben Wahrheit zu tun wie in jenem Vers: „Wir leben gezählte Tage." Vergleiche ich heute diese beiden

Aussagen, so kommt es mir vor, als habe der Dreißigjährige damals mit seinem Vers ein Todesurteil ausgesprochen. Allein dem Zum-Tode-Verurteilten wird zugemutet, daß er den bis in den Irrsinn führenden Gedanken ertragen muß, nur noch für abgezählte Tage, abgezählte Stunden am Leben zu sein. Heute finde ich die radikale Forderung des Dreißigjährigen, sich so oft wie möglich auf die „gezählten Tage" zu besinnen, als etwas, das über unsere Seelenkräfte geht, als „unerträglich". Und ich sehe in der Tatsache, daß ich meiner Forderung sozusagen nur schlecht und recht nachgekommen bin, kein Versagen, sondern eine mir unbewußte Reaktion meiner Seele, die mich über längere Zeiträume hinweg die „unerträgliche" Einsicht der „gezählten Tage" immer wieder vergessen ließ.

Ich möchte die gerade vorgebrachten Einwände keineswegs so verstanden wissen, als sei das, was der Dreißigjährige formuliert hat, für den Sechzigjährigen nicht mehr gültig. Nein, das Wahre des Verses bleibt für mich unantastbar. Meinen jetzigen Erfahrungen jedoch kommt es gemäßer vor, den Gedanken an das tägliche kürzer werdende Leben nicht allein stehen zu lassen, sondern ihm den Gedanken des täglich länger werdenden Lebens hinzuzufügen. Die Wahrheit muß in ihrem Doppelsinn erkannt werden. Also noch einmal:

Mit jedem Tag verlängert sich mein kürzer werdendes Leben.

Die schwerste unserer Ängste ist die Angst ums nackte Leben. Tiere spüren sie bei großer Gefahr ebenso wie Menschen. Wir wissen, Todesangst kann gewaltige Energien in uns mobilisieren. Wer einmal wirklich um sein Leben laufen mußte, wird sich entsinnen, wie sich plötzlich seine Kräfte verdoppelten oder gar vervielfachten. Andere, etwa Sterbenskranke, denen die Ärzte erklärten, sie hätten nur noch eine kurze Spanne zu leben, haben unter dem Druck der Angst ihren Lebenswillen dermaßen anzuspannen und aus ihren geheimen Reserven eine solche Vitalität zu schöpfen vermocht, daß sie die Ärzte Lügen strafen oder – volkstümlich ausgedrückt – dem Tod noch einmal von der Schippe springen konnten.

Diese in höchster Not frei werdenden Energien sollten wir nicht zu niedrig veranschlagen, geschweige denn ganz übersehen. Gewiß, im äußersten Ernstfall kann auch das Umgekehrte eintreten: eine Lähmung unseres Widerstandes durch schwärzeste Depressionen, unerträgliche Schmerzen. Tiefste Hoffnungslosigkeit vermag unser Blickfeld so zu verengen, daß wir keinen anderen Ausweg mehr sehen als das Ende durch eigene Hand. Es gibt Leute, denen das Wort „Selbstmord" zu gewöhnlich erscheint, sie gebrauchen dafür ein sozusagen feineres, nämlich „Freitod". Doch ein wirklicher Freitod kommt kaum einmal vor. Richtiger wäre das Wort „Zwangstod", denn fast jeder potentielle Selbstmörder steht unter kaum vorstellbaren Zwängen von Angst und Not.

Friedrich Hebbel hat sein Drama „Maria Magdalena" mit dem Satz eines verzweifelten Menschen beendet. „Ich verstehe die Welt nicht mehr!", der Ausruf eines offensichtlich Altgewordenen. Der alte Mensch sieht sich häufig in die Lage versetzt, in der ihm die sich ständig wandelnde Welt, richtiger: die sich ständig verändernde Umwelt, als etwas Beängstigendes erscheint. Er meint sie in ein Chaos treiben zu sehen; sie geht für ihn wahrhaft „aus den Fugen". Es ist das unentwegt Neue, das sich auf allen Gebieten des Zusammenlebens zeigt und das ihm chaotisch vorkommt, da es alte Ordnungen zerbricht, an die er lebenslang gewohnt war. Von dieser Angst kann er sich nur befreien, wenn er sich der Einsicht nicht verschließt, daß die lebendige Welt nie auf ihren Formen beharrte, sondern sich seit Anbeginn den Menschen als eine auf Entwicklung, Veränderung, Wandlung angelegte dargestellt hat.

Es entspricht der menschlichen Natur, wenn wir uns im Alter, den Tod näher und näher fühlend, mit unserem Lebensende häufiger und dringlicher beschäftigen. Kann man sich mit dem Sterben vertraut machen? Es gleichsam im voraus *lernen*? Montaigne, der große französische Moralist und Kenner der Menschenseele, bejahte die Frage. Ihn selbst trennte einmal, nach einem furchtbaren Reitunfall, vom wahren Tod nur noch ein Hauch. In derartigen Situationen, erklärte Montaigne, würde man erleichtert spüren, daß das Sterben durchaus nicht den Beobachtungen entspricht, die Gesunde beim Anblick eines Todgeweihten haben. Es sei sanfter, von der Welt zu scheiden, als wir, die Zurückbleibenden, es uns träumen ließen.

Jetzt befinden wir uns nahe der Grenze des nur mehr verstandesmäßigen Denkens. Jenseits von ihr fängt der Glaube an, von dem es heißt, wir sollten ihn wie ein Haus auf Fels bauen, damit er den Unwettern standhalten kann. Die Angst vor der Last des Alters, dem allmählichen Aufgeben liebgewordener Arbeit, schöner Gegenden, vor dem Abschiednehmen für immer von unseren Allernächsten, ja auch die Angst vor dem Verlust der Gestalt, des Ego und der Identität: all dies Beängstigende gehört dem Leben an, wenn auch seiner dunklen Seite. Mit anderen Worten: Es bleibt dem Menschen bis zum Schluß aufgegeben, mit seinen Ängsten zu *leben*. Verdrängte Ängste sind wie übersehene, nicht beachtete Krankheiten. Sie sind fähig, unseren Lebensvorrat nach und nach aufzuzehren.

Was den christlichen Glauben betrifft, so hat jener, der sich einst als Wanderprediger und Krankenheiler aus Nazaret *Menschensohn* nannte, alle Mühseligen und Beladenen aufgefordert, ihre Verzweiflung, Furcht und Schwäche auf *ihn* zu werfen. Denn er wußte, ihm ist und bleibt es gegeben, sie aus allen ihren Ängsten zu reißen: „kraft seiner Angst und Pein" – wie es in dem wohl berühmtesten Bach-Choral heißt. Aber Alternden und Altgewordenen ist es schmerzlich bewußt, daß es Stunden gibt, in denen ihnen der einhellige, feste Glaube früherer Zeiten plötzlich nicht mehr zur Verfügung steht. Damit also muß gerechnet werden, daß wir selbst auf eine lebenslang gestählte Standhaftigkeit im Glauben nicht unbedingt rechnen können, *letzten Endes*.

Doch schließlich werden wir uns – mit oder ohne Angst – fallen lassen *müssen*. Ins Bodenlose, davon bin ich überzeugt, fällt keiner.

*Auch wenn du 3000 Jahre leben solltest oder gar
zehnmal so lange, bedenke trotzdem, daß
niemand ein anderes Leben verliert als das, das er
lebt, und daß er auch nicht ein anderes lebt, als
das, das er verliert. Es kommt also der längste
Zeitraum aufs selbe heraus wie der kürzeste.
Denn der gegenwärtige Augenblick ist für alle
gleich, und was verlorengeht, ist also gleich, und
es erweist sich, daß so Winziges verlorengeht.
Denn weder Vergangenheit noch Zukunft verliert
einer; denn wie könnte man ihm nehmen, was er
nicht hat.*

Marc Aurel

Neugierig auf das ganz andere

Angst vor dem Sterben

VON MARINA SCHNURRE

Jeden Abend, bevor ich schlafen ging, kniete ich vor der sanft erhellten Ikone in der Ecke und betete: „Lieber Gott, laß nicht zu, daß ich überfahren werde."

Ich hatte auf dem Heimweg von der Schule gesehen, wie eine Frau auf die Straße gelaufen, von einem Auto erfaßt, hochgeschleudert wurde und mit unnatürlich verdrehten Beinen liegengeblieben war.

Ihre weiße Handtasche öffnete sich im Fallen, und Münzen, Lippenstift, Kamm und Papiere flogen durch die Luft. Ein roter Knopf rollte mir vor die Füße und ich beugte mich hinab, um ihn der Frau wiederzugeben.

Zwei Männer knieten neben ihr, der eine hatte seinen Kopf auf ihre Brust gelegt, der andere strich vorsichtig über ihr Gesicht, dann zogen sie eine blaugeblümte Decke aus dem Auto und breiteten sie über ihr aus.

„Sie kriegt doch keine Luft", schluchzte ich und versuchte, mich durch die Menge zu ihr vorzuarbeiten. Doch eine fremde Frau hielt mich fest und hinderte mich daran, ihr den Knopf zu bringen.

Das war auf der Laubacher Straße vor meiner Schule.

In der Nacht konnte ich nicht schlafen. Ich hatte Angst, daß auch ich so sterben könnte wie die Frau auf der Straße, so plötzlich und ahnungslos.

„Ich möchte bei meinem Tod dabei sein, laß nicht zu, lieber Gott, daß ich überfahren werde."

Meine Mutter erlöste mich gegen Morgen mit Baldriantropfen und Liedern von meinen Ängsten. Ich war elf Jahre alt.

In Werkmeisters Garten war mein Lieblingsplatz der alte Kirschbaum neben der Regentonne. Kletterte man in seine Krone, war man unsichtbar den Blicken der Gartenbesitzer entzogen. Die saßen mit ihren Freunden meist vor der Laube im Schatten, tranken Tee, aßen Piroggen, spielten Karten und hatten mich längst schon vergessen. Dösig verfolgte ich ihre Gespräche, die sich meist um mir unverständliche Dinge und Krankheiten drehten oder wer wen wieder einmal in der Kirche nicht gegrüßt hatte. Nur wenn Frau Werkmeister mit diesem klagenden Ton „ui, ui, ui" sagte, horchte ich auf. „Bosche moi, Er möge gnädig sein und die Seele erlösen", fügte sie oft noch hinzu, und dann wußte ich: Es war wieder einmal jemand aus der Emigrantenkolonie gestorben.

Herr Werkmeister war es dann meist, der nach kurzem Schweigen als erster redete und leicht vorwurfsvoll sagte: „Margaritta, du bist wieder dran mit Kartengeben."

Ich schwebte in meinem Blätterballon zwischen Himmel und Erde und malte mir aus, was Frau Werkmeister dann wohl sagen würde, wenn ich abstürzen und tot vor ihren Füßen liegen würde. Und jedesmal bekam ich wieder eine Gänsehaut und mußte schnell zur Beschwichtigung meinen geheimen Zauberspruch murmeln: „Mohnblum', Mohnblum' rot, ich geh' niemals tot, kann den Kopf stets heben, werd' drum ewig leben."

Ich nahm ein Blatt von meinem Baum in die Hand, drehte und befühlte es von allen Seiten, sah die Adern durch das Grün schimmern, strich über die faltige Haut der Äste und spürte das Atmen des Baumes in den Fingerspitzen. Ich leckte den Blutstropfen vom Stil der Kirsche und schmeckte Sonne und Sommer mit meiner Zunge, und dann schwor ich mir: Jeden Tag ganz genau hinzusehen, um alles das nie zu vergessen, damit ich, wenn ich tot wäre, genug Bilder im Kopf hätte.

Meine einzige Angst war die, nicht genug Zeit zum Sammeln zu haben. Es war ein heißer Sommer, und ich war vierzehn Jahre alt.

Jetzt bin ich in einem Alter, da beginnen meine Freunde um mich herum zu sterben, sagte Mammusch bei der Lektüre der Sonntagszeitung eines Tages zu Pappel. Ich verstand nicht, was sie meinte.

Ich hatte mich aus der Welt zurückgezogen. Wochenlang ging ich dunkel gekleidet, eingesponnen in meinen Gedankenkokon, durch den Tag. Ich wollte nicht angesprochen werden, interessierte mich nicht mehr für meine Freundinnen, hörte den ganzen Tag traurige Musik und nahm meine Umgebung nur noch schemenhaft wahr. Am liebsten war es mir, in der Dämmerung durch triste Straßen zu streifen, als einziges Geräusch das Klappern meiner Absätze im Ohr, oder am Ufer des Grunewaldsees zu sitzen, mich Tagträumen hinzugeben und darüber nachzudenken, wie ich am schnellsten sterben könnte. Meine einzige Angst war die, dabei nicht sorgfältig genug zu sein und als Krüppel zu überleben.

Es war ein regnerischer Frühling. Ich war siebzehn Jahre alt und unglücklich verliebt.

Die Welt hinter dem Autofenster rollte als Endlosband an meinen Augen vorbei, aber ich gehörte nun nicht mehr dazu.

Eben hatte der Arzt, bei einem Abschlußgespräch

nach meiner dritten Krebsoperation, mir jede Hoffnung zerstört. Mit einer unmerklichen Handbewegung.

Nun fuhren wir meinen Lieblingsweg lang über Düppel nach Hause, doch diesmal sah ich weder Wiesen noch Pferde, weder blühende Büsche noch das Museumsdorf.

„Ich muß sterben, ich muß sterben", drehte sich das Karussel in meinem Kopf, und von den Füßen aufwärts kroch Panik in mir hoch.

Zu Hause ging ich voller Unruhe durch die Wohnung. Hier einen Gegenstand berührend, dort ein Bild geraderückend. Hin- und hergerissen zwischen dem Drang, davonzulaufen, aber wohin, und dem Wunsch, hier und sofort aufzuräumen, in Ordnung zu bringen, Abschied zu nehmen. Selbst die Blicke meines Mannes konnte ich auf einmal nicht mehr ertragen und schloß mich im Wohnzimmer ein. Die gelackte Platte des Tisches kühlte meine Arme, als ich mich über das Papier beugte, um ihm einen Abschiedsbrief zu schreiben und für unsere Ehe zu danken.

Doch die Angst vor dem Sterben löschte die Vergangenheit aus.

Neid auf sein Überleben, vermischt mit Wut auf die Ärzte, Mitleid mit mir selbst, die ich noch so viele Pläne realisieren wollte; Angst vor Schmerzen und Hunger auf Leben bildeten einen zähen Klumpen, der mich fast erstickte.

Einen Wimpernschlag lang. Dann drang wieder Außenwelt an mein Ohr.

„Mama, Mama", mit Lehm an den Schuhen, einem aus der Hose hängenden Hemd, stürmte Nenad durch die Gartentür, den zerdrückten Butterblumenstrauß fest in der Hand. „Mama, ich hab' dir was mitgebracht."

Erschreckt blieb er mitten im Zimmer stehen.

Wie konnte ich meinem Sohn erklären, warum ich weinte. Er war vier Jahre alt. Wir hatten unser gemeinsames Leben doch gerade erst begonnen.

Es war ein milder Frühsommertag, und ich wollte noch nicht Abschied nehmen von ihm.

Hast du Angst?" fragte ihr Sohn, und sie schüttelte den Kopf und sagte: „Nein. Ich will nur, daß es jetzt schnell zu Ende geht."

Wir hatten ihren geblümten Lieblingssessel ans Fenster geschoben, und sie saß aufrecht wie immer in ihrem braunen Kleid, das ihr inzwischen zu weit geworden war, umgeben von ihrer Familie im Wohnzimmer. Die Cousine aus Amerika hantierte in der Küche, und plötzlich hatten wir alle Schälchen mit Spargelcremesuppe auf dem Schoß, und selbst Olga aß davon drei Löffelchen.

Sobald sie anfing zu husten und die Luft ihr knapp wurde, stand Hermann auf und öffnete das Fenster. „Willst du dich nicht hinlegen?" fragte ich. Doch sie schüttelte den Kopf: „Ich hasse das Bett. Wann kommt denn endlich der Arzt?"

Wir wagten nicht, uns anzusehen, denn wir wußten: Das war der Abschied. „Ich wünsche dir viel Glück", murmelte Olga, und ihre Finger bewegten sich ein wenig in meinen Händen, „ich bin froh, daß du dich um den Hund kümmerst."

Jedem von uns sagte sie ein paar persönliche Worte, und ich saß währenddessen die ganze Zeit neben ihr, traurig und erstaunlich gelöst.

„Ich danke dir für alles, Mutter."

Hermann hockte sich neben sie, doch sie sagte sehr

bestimmt und strich ihm dabei zart über die Wange: „Nein, ich danke dir." Wir saßen da und schwiegen.

Endlich ging der Sohn ans Telefon und rief den Arzt an. Als es klingelte, erhob sie sich langsam, legte sich auf das Sofa, hob ein wenig das Kleid und erwartete die Spritze. Sie drehte ihr Gesicht zur Wand und schloß die Augen. Wir schwiegen. Es war schon alles gesagt. Jeder schien zu lauschen. Als der Arzt ging, weinten wir. Jemand öffnete das Fenster. Es war ein kalter Wintertag.

Ich möcht' mal wissen, wie das wohl weitergeht nach dem Leben und so", sagte mein Sohn und versuchte, die Spaghetti auf die Gabel zu drehen.

Vor ein paar Tagen war ein Schulkamerad tödlich verunglückt, seitdem redete er oft vom Tod.

„Ich könnte das nich' so wie du. Immer nur mit Kranken arbeiten. Hast du denn keine Angst vorm Sterben?"

„Nicht mehr so sehr", ich schob ihm den Reibekäse näher, „seit ich im Krankenhaus arbeite, ist meine Angst fast verschwunden." „Versteh' ich nich', da sterben doch fast immer die Leute."

„Ich stell' mir vor, es ist wie Abschiednehmen vor einer Reise. Erst will ich gar nicht weg, weil ich hier alles so gut kenne. Aber wenn ich dann im Zug sitze und du hast mir zum letzten Mal zugewinkt und gehst schon zum Ausgang, fang' ich langsam an, mich auf das Neue einzustellen, ich bin neugierig, was da wohl noch kommen wird."

„Mensch, Mama", sagt Nenad, „mit dir kann man aber auch nie ernsthaft reden."

Es ist ein Mittag im September. Mein Sohn ist vierzehn Jahre alt.

Dies ist ein Abenteuer, das jeder Mensch zu bestehen hat: Sich ängstigen lernen, damit man nicht verloren ist, entweder weil man sich niemals geängstigt hat, oder weil man in der Angst versunken ist; wer aber sich recht ängstigen lernte, der hat das Höchste gelernt. Wäre der Mensch ein Tier oder ein Engel, würde er sich nicht ängstigen können. Da er eine Synthese ist, kann er sich ängstigen, und je tiefer er sich ängstigt, um so größer der Mensch, doch nicht in dem Sinne, in dem die Menschen die Angst gewöhnlich verstehen, nämlich als Angst vor etwas Äußerlichem, vor dem, was außerhalb des Menschen liegt, sondern so, daß er selbst die Angst hervorbringt.

Sören Kierkegaard

„Muß es sein? Es muß sein!"

Die Angst vor dem Tod

VON WALTER DIRKS

Wenn ich mich über die Angst vor dem Tod äußere,
dann verhalte ich mich wie der bekannte Knabe:
Ich pfeife im dunklen Wald. Als 86jähriger Mensch bin
ich in einer extremen Lage: Ich habe ein verdächtiges Interesse an Todesanzeigen, registriere vor allem die To-
desfälle bejahrter Männer; Männer wie ich sind „nach
langer schwerer Krankheit heimgegangen" oder „von ihrem Siechtum erlöst" worden, und dann denke ich über
meine eigene Lebenserwartung gemäß der Statistik nach,
und es sind wenige Jahre, die mir noch bleiben. In solcher Praxis widerlege ich alle meine Versuche, mir und
den Meinen oder meinen Lesern zu beweisen, daß ich als
nüchterner moderner Mensch und zudem als Christ gegen die Todesangst gefeit sei. Es ist allerdings anderseits
so, daß ich mich auf einen bestimmten Aspekt des Todes
geradezu freuen kann: auf das Ende der Lebens-Unruhe.
Ich finde es dann plausibel, daß die Kirche nicht nur von
der Vollendung und Anschauung Gottes redet, vom
Gastmahl der ewigen Seligkeit, sondern daß sie in der
Totenmesse singt: Requiem aeternam dona eis, Domine.
Um ewige Ruhe für uns wird da gebetet. Ja, meine ich,
das muß gut sein: Ruhe, lange Ruhe. Aber dann überfällt
es mich plötzlich: Mein Tod steht vor der Tür. So bin ich
in dieser Sache keineswegs souverän, sondern hin und
her bewegt.

Aber ich soll nicht nur über meine Ängste und über meine eigenen Versuche sprechen, sie zu überwinden, sondern über die Todesangst allgemein. Die Angst vor dem Tod kann man von der vor dem Sterben unterscheiden, aber die Ängste gehören eng zusammen, und wenn Marina Schnurre sich der Sterbensangst eines elfjährigen Mädchens erinnert, dann eines 14jährigen, dann eines 17jährigen, so liefert sie Beispiele auch für altersspezifische Todesängste. Die elfjährige Zeugin eines tödlichen Verkehrsunfalls überfällt zunächst die Angst, ein solches Sterben selber zu erleiden; aber sie lernt dazu; sie lernt nach der Angst vor dem Verkehrsunfall die Angst vor dem gewaltsamen Sterben schlechthin, und eines Tages wird sie wie die Erwachsenen in sich die Angst vor dem Tod entdecken, vor dem Nicht-Sein, dem Nicht-mehr-Sein. Wie kann denn das sein, nicht mehr in der Welt zu sein, nicht mehr zu atmen, zu essen, zu spielen, nicht mehr von der Mutter geliebt zu sein? Daß wir uns das Unvorstellbare, die Vernichtung, vorstellen müssen, ist vielleicht die einfache Wahrheit der Todesangst aller Lebensalter. Und da ist Hans Jürgen Schultz zuzustimmen, wenn er schreibt: „Wie wir uns Angst nicht einreden lassen sollten, so dürfen wir sie uns auch nicht ausreden lassen." So ist es. Ich schlage vor, die Todesangst zu akzeptieren.

Wir unterscheiden im übrigen von der Angst die Furcht, und wir raten, die unvernünftige blinde panische Angst, die alle Gefahren ins Ungemessene vergrößert und neue erfindet, durch vernünftige Furcht vor der tatsächlichen Gefahr zu überwinden. Wenn wir das mit der Todesangst zu tun versuchen, stellen wir allerdings fest, daß derselbe Tod, der für uns zunächst eine unglaubliche, eine niemals akzeptable, eine höchst vernunftwidrige Drohung ist, in Wahrheit leider eine tatsächliche Gefahr ist; angesichts ihrer gilt: Ist Todesangst unausweichlich, so ist doch Todesfurcht vernünftig. Wir haben das Unbekannte schlechthin zu einem uns bekannten Schicksal gemacht, aber wenig damit erreicht. Ich schlage immerhin vor, auch die Todesfurcht zu akzeptieren. Wenn Angst dich plötzlich überfällt, dann setze ihr weder die Verzweiflung noch den Leichtsinn entgegen, sondern die Furcht: Solche Furcht ist verarbeitete Angst. Ist das erreicht, so kann man beginnen, den Umgang mit dem unvermeidlichen Tod einzuüben. Einzuüben haben wir auch schon früh das Vermögen, loszulassen, sich nicht an das Unsere zu klammern. Diese Kunst wird dann im Alter eindeutig die wichtigste Voraussetzung der Überwindung der Angst.

Die Todesangst, die Todesfurcht als einen Zustand, der sich nicht vermeiden läßt, akzeptieren – das heißt nicht ohne weiteres: den Tod akzeptieren. Das aber, die Hinnahme oder gar Annahme des Todes, ist eine sehr alte erste Antwort auf die Frage, wie wir mit dem Widrigen in unserem Leben fertig werden können. In der Geschichte des menschlichen Denkens haben Griechen dieser Haltung einen Namen gegeben. Seitdem sie die Philosophen der Stoa nicht nur entdeckt, sondern geradezu als Ideal verkündigt haben, gibt es die stoische Haltung zum Tod. Die Römer haben sie begierig aufgegriffen und eine vaterländische Tugend daraus gemacht. Aber auch in Spätschriften der Bibel wird die stoische Annahme des Unvermeidlichen empfohlen. Dem stoischen Umgang mit dem Tod sind wir als Heranwachsende früh begegnet: als wir den Indianerstolz bewundern lernten in dem Häuptling der Apachen Winnetou. Mir hat später ein stoisches Wort Beethovens nicht nur imponiert, sondern auch geholfen: „Muß es sein? Es muß sein." Alle Menschen haben sterben müssen, auch ich muß sterben. Ich akzeptiere, daß ich ein Mensch bin, ich akzeptiere, daß ich sterben muß.

Eine Patentlösung ist das allerdings nicht.

Oft machen wir uns dabei nur etwas vor, und was wir als Sieg über die Angst ausgeben, heißt in Wahrheit nur, sie zu verdrängen. Verdrängte Todesangst aber kann viele Formen annehmen. Wir sollten ihnen auf der Spur bleiben. Ich habe mich eingangs selber zu einer von ihnen bekannt, als ich vom Pfeifen im dunklen Wald sprach. Aber es muß nicht so sein; dem Tod ins Auge zu schauen, ohne zu zittern, ist offenbar eine würdige Haltung. Diese Würde geht freilich auch nicht verloren, wenn jenes Zittern als eines der Momente dieser Haltung mit akzeptiert wird: „Ich bin so stark, daß ich mir auch zu zittern leisten kann", so könnte ein stoischer Lebenskünstler reden. Nun beseitigt aber der stoische Stolz nicht die Einsicht, daß der Tod widervernünftig ist, unmenschlich – man hat ihn obszön nennen können. Wo das festgehalten wird, gesellt sich zur stoischen Würde der Protest. Ich nehme dich an, starker Tod, aber ich gebe meinen Protest zu Protokoll. Es handelt sich bei ihm wohl um ein Grundmuster der menschlichen Existenz. Wir unterscheiden uns von den tierischen Produkten der Evolution in dieser Hinsicht zunächst durch das Bewußtsein der Sterblichkeit, aber im besten Fall durch dieses Ja unter Protest. Ohne ihn könnte aus der Annahme des Todes ein Akt der Kapitulation werden.

Aber empfehle ich das stoische Ja zum Tod auch den Christen? Wenn dieser den Tod „annimmt", so denkt und fühlt er sich den „Adressaten" dieser Annahme hinzu: Gott. Gelingt das, so schwächt sich gewiß der Protest ab, aber auch dem gnädigen Gott gegenüber bleibt die bange irritierende Frage: Warum hast du es so eingerichtet? Ijobs Protest bleibt legitim.

Ijob sah nur das eigene Elend. Die Existenzkrise der Menschheit, die unser Bewußtsein bestimmt, zwingt uns dazu, den totalen Untergang, das Ende der Geschichte, in den Blick zu nehmen, als reale Möglichkeit oder gar als Wahrscheinlichkeit. Ijob, das ist die Menschheit. Anders als Luther, der vor der Drohung des Jüngsten Tages ein Apfelbäumchen pflanzen wollte, anders als jener junge Jesuit, der angesichts der gleichen Drohung sein Ballspiel zu Ende bringen wollte, haben wir weder Apfelbäume zu pflanzen (aber vielleicht auch das), noch unsere Spiele zu Ende zu spielen (aber vielleicht auch das), sondern unseren Versuch fortzusetzen, dieses Ende zu verhindern. In solcher Lage schärft sich unser Bewußtsein der Geschichtlichkeit und der konkreten Geschichte. Hat das etwas mit dem eigenen Tod zu tun? Wir sind solidarisch mit den Opfern der gegenwärtigen Gesellschaftsstrukturen der Ersten, Zweiten und Dritten Welt. Das kann und soll in uns Solidarität auch mit den Opfern der bisherigen Geschichte erzeugen. Die banale Konsequenz: sie dürfen nicht umsonst gestorben sein. Theoretiker haben unsere Bindung an die Opfer der Geschichte als „anamnetische Solidarität" bezeichnet, – so Helmut Peukert; wir haben ein solidarisches Interesse an den Opfern, an die wir uns in unserer eigenen Lage „erinnern". Viele Zeitgenossen – ich zähle mich zu ihnen – erhoffen in solcher Solidarität, daß der Tod der

Verfolgten und Unterdrückten für sie nicht das Ende bedeutet hat: sie werden auferstehen, gerechtfertigt und vollendet. Das ist ein christlicher, aber nicht ausschließlich christlicher Gedanke. Er kann unsere Stellung auch zum eigenen Tod verändern. Meine Hoffnung hat er gestärkt.

Im übrigen sollten die Christen es sich nicht zu leicht machen, aus den Gegebenheiten ihres Glaubensbewußtseins den logischen Schluß zu ziehen, daß sozusagen alles in Ordnung ist, das Leben eine glatte Rechnung. Der Versuch, im Glauben an die Botschaft Jesu dem Tod getrost entgegenzugehen, ist keine simple Lösung, sondern ein langer, ein lebenslanger Prozeß, ein Weg nicht ohne Abenteuer der Erkenntnis und des Handelns. Manchmal, so stelle ich es mir vor, erspart dem Christen die Kraft seines Vertrauens die Mühe, das stoische Modell durchzuhalten. Die Annahme ist dann nicht trotzig, sie ist demütig geworden. Im Normalfall aber wird das stoische Modell als ein Teil des sich bildenden moralischen Bewußtseins hilfreich sein können. Gott mutet uns zu und schenkt uns, daß wir ihm vertrauen; wenn wir vor ihm niederknien, uns vielleicht sogar vor ihm zu Boden werfen – einer meiner Freunde übt die Annahme des unbegreiflichen Gottes durch diese radikale Haltung ein –, so mutet Gott das einem Menschen zu, den er zum aufrechten Gang ermutigt. Die Würde der stoischen Annahme kann ein Teil der christlichen Annahme werden, mindestens auf Zeit.

Als ein Zeitgenosse, der als Christ zu leben versucht, würde ich auf die Frage, ob für mich damit das Problem der Angst vor dem Tod erledigt sei, sehr gern antworten können: Ja, ich bin getrost, ich bin froh, ich gehe – um ein Wort aus dem „Wandsbeker Boten" des Matthias

Claudius zu übernehmen –, ich gehe getrost und voller Zuversicht dem Tod als meinem Freund entgegen. Das wäre die Haltung, die Jesus von Nazaret im Auge hatte, als er uns anriet, wie die Kinder zu werden. Das ist das christliche Paradox, das ist *das* christliche Paradox: im aufrechten Gang seinen Lebensweg zu gehen und zugleich kindlich dem Herrn zu vertrauen.

Wäre ich in dieser Sache weitergekommen, als ich es bin, so würde ich wohl alle Beredsamkeit daransetzen, die radikale christliche Überwindung der Angst vor dem Tod zu preisen. In der Tat preise ich den Mann und preise ich die Frau glücklich, denen ein starkes unbeirrbares und zugleich zärtliches Vertrauen in Gott geschenkt worden ist, so daß für sie der Tod jeden Schrecken verloren hat. Man könnte allerdings vermuten, daß das oft nur eine bewährte christlich-ideologische Struktur wäre, die eisern festgehalten würde. Aber ich habe Christen gekannt, die jenen Satz ehrlich sprechen konnten, und ich war dabei, als meine Mutter starb. Sie erinnerte mich einige Tage vor ihrem Tod daran, daß wir gewissen Nachbarn, die sie aufzählte, wie in den letzten Jahren einen schönen Fliederstrauß schuldeten; wenn sie so genau ihr Haus bestellte, bevor sie sterben wollte, dann kam das aus der Souveränität eines reifen kindlichen christlichen Glaubens.

Aber ich denke, daß ich nicht nur von mir selbst spreche, sondern für viele christliche Zeitgenossen, wenn ich eine andere, eine leider wenig kindliche Art des christlichen Glaubens und also der Erwartung des Todes und der Überwindung der Angst vor ihm schildere, eine Art, in der ich mich seit langem einzurichten versuche. Da glaubt einer an Gott, ehrlich und sogar entschieden, aber er wagt nicht zu sagen: Ich *weiß*, daß mein Erlöser lebt. Er unterscheidet sehr genau zwischen dem Glauben und dem Wissen und also auch zwischen der Glaubensgewißheit und anderen Formen der Gewißheit, von dem banalen Wissen der Tatsachen, die uns umgeben, bis zu wissenschaftlicher Gewißheit.

Man muß diese Haltung sowohl vom ungebrochenen Glauben vieler Gläubigen der Volkskirche als auch vom mystischen Glauben derer unterscheiden, denen ein Leben in Gott geschenkt worden ist. Eine Formel bietet sich an: der Zeitgenosse, von dessen Glauben ich rede, „setzt" auf Gott. Er geht davon aus, daß die Hypothese, es gebe Gott, wahr ist, und er versucht, sein Leben danach einzurichten. Das klingt nach einer Anstrengung des Verstandes und des Willens, und es ist in der Tat wenig im Vergleich mit ungebrochener christlicher Frömmigkeit. Es wäre auch kaum durchzuhalten, wenn nicht immer wieder für kostbare Augenblicke und Stunden ein wahrhafter Glaube durchbräche; ich beschreibe also einen Dauerzustand, der aber Einbrüche des vollen beglückenden Vertrauens zuläßt. Denkt ein solcher Zeitgenosse an die sogenannten drei göttlichen Tugenden, den Glauben, die Hoffnung und die Liebe, dann wird er einerseits mit Paulus sagen: Das Größte aber ist die Liebe, nämlich die Lebenspraxis; anderseits aber geht sein Glaube in die Hoffnung über: Wenn er auf Gott setzt, also unter anderem auch auf die Existenz Gottes, dann hofft er, ohne absolut sicher zu wissen, und er wird sich an das in der Schrift überlieferte Zeugnis halten: „Herr, ich glaube – hilf meinem Unglauben!" Anders als Paulus wird er nach der Aufzählung der göttlichen Tugenden vielleicht sagen: Das Größte dieser drei aber ist die Hoffnung. Oder vielleicht: Ich muß es mit der Hoffnung und

mit der Liebe versuchen, und die Erfahrung meiner Biographie sagt mir, daß die Voraussetzung dieser Hoffnung
und dieser Liebe auch dann der Glaube ist, wenn mir
nicht mehr gelingt oder wenn mir nicht mehr geschenkt
wird als daß ich auf Gott, seinen Sohn, seinen Geist
setze. Auch dadurch wird mein Leben im Prozeß des Lebens überhaupt und im Prozeß der Geschichte sinnvoll
und produktiv.

Die spezifische Ungewißheit, die in solchem Glauben
steckt, hat jener alte bayerische Bauer ausgedrückt, als er
dem guten Herrn Pfarrer, der ihm die Sterbesakramente
gereicht hatte, auf die erstaunte Frage: „Sepp, warum
grinst du mich denn so an?" die Antwort gab: „Lachen
tät' ich, wenn alles nicht wahr wäre." Das ist die skepti-
sche Variante jener spezifischen Ungewißheit. Wer sie
positiv formulieren will, sollte sich an Pascal halten, der
dem skeptischen Ungläubigen die Haltung der „Wette"
vorschlägt. Ich vergröbere das subtile logische Verfahren, das Pascal einschlägt, und skizziere nur das Ergebnis: Solltest du nach dem Tod erfahren, daß es Gott gibt,
dann wirst du entsetzt erfahren, daß du falsch gelebt
hast. Sollte Gott aber nicht existieren, so hast du zwar
recht behalten, aber du hast nichts davon; du merkst es
nicht einmal. Wenn du jedoch jetzt voraussetzest, daß es
Gott gibt, so geht dir, falls diese Annahme sich als falsch
herausstellen sollte, nichts verloren, aber du gewinnst alles, wenn deine Glaubensvoraussetzung stimmt. Wenn
du klug bist, kluger Junge, wähle den Glauben.

Das klingt rabulistisch, aber es ist eine Art Gerüst der
Überlegungen, die sicherlich viele Zeitgenossen angesichts ihrer Todesangst und ihrer Todesfurcht und angesichts des Todes selbst anstellen könnten, um ihm
gerüstet entgegengehen zu können. Ich weiß, daß viele

Christen erschreckt oder empört oder allenfalls mitleidig auf den Menschen reagieren werden, der so argumentiert. Sie vermissen das einfache entschiedene Ja ohne Wenn und Aber. Ich selbst vermisse es auch, aber ich mache darauf aufmerksam, daß die menschliche Existenz sich als äußerst kompliziert erwiesen hat. Gott aber ist unbegreiflich.

Ich habe den Menschen, der sich entschlossen hat, auf Gott zu setzen, einen „Zeitgenossen" genannt. In der Tat stecken in seinem intellektuellen Schicksal oder Lebensentwurf auch die schrecklichen Erfahrungen, die wir in unserer Gegenwart machen, die 1914 begann und vielleicht mit der großen Katastrophe enden wird. Doch gibt es auch in den früheren Jahrhunderten immer wieder Ansätze zu solchem Glauben. Den stärksten Zeugen habe ich genannt: Pascal. Der Tod, den glühendere Christen als Bestätigung ihrer Glaubensgewißheit völlig zweifelsfrei erwarten, ist für jene anderen Christen die Erfüllung ihrer christlichen Hoffnung; sie sind unter anderem auch so neugierig darauf wie jener bayerische Bauer. Und der Gott, auf den wir setzen, wird uns gewaltig zu überraschen wissen.

*Gott zu fürchten, ohne ihn zu lieben, hieße
zwischen beiden eine Mauer errichten oder einen
Abgrund graben. Ihn zu lieben, ohne ihn zu
fürchten, hieße ihn auf etwas Alltägliches und
allzu Vertrautes reduzieren. Wir müssen danach
trachten, Furcht und Liebe miteinander zu
vereinen, die Freude und die Tränen, den Schrei
und das Schweigen und keine Furcht vor Gott,
sondern in Gott zu haben. Und Furcht um Gott
zu haben, Furcht nämlich, ihn zu verletzen, ihn
zu betrüben.
Es ist die Frage, wo man den Akzent setzt.
Auch die Furcht, die Angst, die Traurigkeit
können zu Gott führen.*

Elie Wiesel

Aufhellung der Unheimlichkeit

Die Gottesangst

VON GOTTFRIED BACHL

„So gewaltig ist nichts, und nichts läßt so nicht ruhn, / wie die Angst, die den Menschen befällt, / wenn es ihm nicht erlaubt ist, sein Tagwerk zu tun, / und er gar nichts mehr gilt auf der Welt."

Theodor Kramers Gedicht* beschreibt zwar die Angst des Alltags, die den Menschen überfällt und überwältigt – er gibt nicht an, woher sie kommt –, aber alles, was er sagt, gilt erst recht von der besonderen Form der Gottesangst. Die Macht der Drohung erfaßt alles, Leib und Seele, die ganze Person wird an ihren Wurzeln aufgestört. Nichts läßt so nicht ruhn: das Gefüge des Lebens zerfällt. Daß es hält und ruhig steht, davon geht doch das Gefühl der Sicherheit aus, das Vertrauen in die Umgebung und die Verläßlichkeit des Bodens, auf den die Füße treten. Wie im Erdbeben rutscht nun das Fundament weg, nichts trägt mehr, und an nichts kann sich der Schwankende halten. In den vier Versen kommt fünfmal das Wort „nichts" vor. Nicht ein bestimmter Gegenstand, eine Person oder nennbare Verhältnisse erzeugen die Drohung. Daraus entstünde nur die Empfindung der Furcht, die sich an einzelnen Anlässen definieren läßt. Das Objekt der Angst ist, paradox gesagt, das Nichts, nichts tun können, nichts gelten, nicht le-

---

* Von der Angst, in: Gesammelte Gedichte 1, hrsg. von E. Chvojka, Wien 1984, 354.

ben, nicht sein: das schwarze Loch, in dem das Ich, das Du, der Name und das Gesicht spurlos verschwinden. Der rasende, alles überschwemmende Schwindel der Angst kann zwar von dieser oder jener Gefahr ausgelöst werden, ist aber nicht daran gebunden und kann sich daher auch ausbreiten, wenn gar kein Grund zur Furcht vorhanden ist. Wir wissen, daß sie jeden einmal einholen kann, und wie schwer es ist, sich aus ihrem Gefängnis zu befreien. In der Geschichte unserer Kultur wurde eine Reihe von Verfahren entworfen, die es möglich machen sollen, die Angst zu bewältigen oder gar nicht aufkommen zu lassen, aber die Erfahrung hat gezeigt, daß es keinen endgültigen Sieg über dieses Urgefühl gibt. Immer wieder bricht es aus, gegen alle Riten, Beschwörungen und Verheißungen. Es scheint, daß es zum Leben gehört als die unausweichliche Empfindung seiner Endlichkeit und Zufälligkeit, ein unauslöschliches Merkmal der Existenz, die zwischen der Nacht der Geburt und der Nacht des Todes anfängt und vergeht.

Diese Angst hat mit Gott zu tun, und der Glaube an Gott kann ihre Quelle sein. Der Zusammenhang ist nicht zufällig oder nebensächlich. Gott ist der Brennpunkt, an dem die Gefühle groß werden, ihre gewaltige Form und Stärke erreichen, nicht nur die Liebe, das Vertrauen, die Sehnsucht, der Lebenshunger, sondern eben auch die Angst. Wenn ich Gott sage, meine ich nicht nur die Götterfratzen aus der Überlieferung der Religionen, die ausreichend kritisierten Götzen, deren Bilder uns bekannt sind, etwa die blutdürstige indische Göttin Kali oder den Huitzilopochtli der Azteken. Es wäre auch zu wenig, allgemein von der Unheimlichkeit des Heiligen zu sprechen, dem wir uns ausgesetzt fühlen. Es geht um den Gott der Bibel, den die Christen Sonntag für Sonntag im Credo bekennen.

Daß die Angst mitten in der biblischen Frömmigkeit ausbricht, leuchtet nicht gleich ein, denn wenigstens deren christliche Variante beruft sich auf Sätze des Glaubens, die den Sieg über die Angst ansagen. Heißt es doch im ersten Johannesbrief des Neuen Testamentes ausdrücklich: „Gott ist die Liebe, und wer in der Liebe bleibt, bleibt in Gott, und Gott bleibt in ihm. Darin ist unter uns die Liebe vollendet, daß wir am Tag des Gerichts Zuversicht haben ... Furcht gibt es in der Liebe nicht, sondern die vollkommene Liebe vertreibt die Furcht. Denn die Furcht rechnet mit Strafe, und wer sich fürchtet, dessen Liebe ist nicht vollendet" (4, 16 b–18). Gott, sagt die Tradition, ist die vollkommene Glückseligkeit des Menschen, der Inbegriff des Positiven, Erfüllenden: das *Heil*. Kein Schatten des Bösen ist an ihm, Gott ist gut, vom Vater des Lichtes kommen alle guten Gaben, in ihm gibt es keine unberechenbare Veränderung und keine Verfinsterung (Jak 1, 17). Dem gesunden Hausverstand leuchtet es sofort ein, daß vom Inhaber der höchsten Macht des Seins, vom tragenden Grund allen Lebens, vom ewigen Licht und der schattenlosen Weisheit Ruhe ausgeht, gefaßtes Wesen, Frieden, Gelassenheit, ja Heiterkeit.

Die Realität des religiösen Lebens zeigt dagegen die Tatsache der Angst von Anfang an durch die Glaubensgeschichte bis heute, in der Biographie der einzelnen Gläubigen wie in den Zuständen und Bewegungen der Gesellschaft, im System der Kirchen wie in den schwer zugänglichen Regungen der Seele. Und die Angst bezieht sich auf Gott in Person, nicht etwa bloß auf die Hölle, auf den Teufel oder die mögliche Nichtexistenz Gottes.

Von ihm geht sie aus, und durch ihn hat sie ihre unvergleichliche Gewalt.

Dieser Sachverhalt liegt so klar zutage, daß es die Kritik der Religion nicht schwer hatte, daraus eines ihrer häufigsten Argumente gegen den religiösen Glauben zu machen. Man sagt, er sei nichts anderes als ein Produkt der Angst und bringe sie zugleich wieder hervor, in einem fatalen Kreislauf, in dem die Entfremdung des Menschen von sich selbst unaufhaltsam anwächst.

Es ist nicht möglich, diesem Gegensatz auszuweichen. Man muß ihn verstehen. Man kann zwar alle schreckenden Texte aus der Bibel weglassen und in der Liturgie nur die schön lautenden vorlesen. Der Angst kommt man damit nicht bei. Sie stehen doch drin, und die Seele läßt sich gerade in diesem Punkt nicht beschwindeln. Wer wenigstens einen gewissen vorläufigen Begriff gewinnen will, muß eine elementare Unterscheidung treffen und durchhalten. Die Angst gehört einmal zum Status des Geschöpfes. Als Merkmal der endlichen Existenz ist sie mit dem Dasein gegeben und aller menschlichen Aktion unverfügbar vorausgesetzt. Im Rahmen dieser Vorgabe ist dann eine Gestaltung dieser Angst möglich, verantwortlicher Umgang mit ihr aufgegeben, die Arbeit an ihrer Verwandlung nötig. Ihre vollständige Austreibung, von der die Bibel spricht, ist nur in der Hoffnung zugänglich, im kommenden Leben, wenn Gott die Geschöpfe endgültig mit seiner Gegenwart erfüllt. In der Zeit dahin, im Leben auf Erden, haben wir an der Angst zu tragen, nach Mitteln zu suchen, wie wir sie bändigen können. Die Erkenntnis der Endlichkeit und die gefühlshafte Wahrnehmung dieses Zustandes gibt es natürlich auch in Religionen, Weltanschauungen und Philosophien außerhalb der Bibel. Der Mensch: ein winziges Teilchen im Ganzen, verloren im All, innen und außen begrenzt, ein gleichgültiges Bißchen vor dem Schicksal, die Erde ein Tropfen am Eimer ... Im Unterschied dazu spricht das biblische Wort von einem personalen Verhältnis, in dem der ewige Gott und der zeitliche Mensch zueinander stehen. Denn Gott öffnet in der Schöpfung ein letztes, unausweichliches und ausschließliches Gegenüber, ein Da-Sein von Angesicht zu Angesicht, von Du zu Du, eine Beziehung der Freiheit auf eine andere Freiheit. Alles, was der Mensch von sich weiß, seine Nachbarschaft zum Nichts, seine bodenlose Zufälligkeit und seine Schuld, wird eingeholt in dieses scharfe Vis-à-vis. Der Glaubende der biblischen Form sagt: Ich verdanke mich ganz und gar dem freien Willen. Ich bin nichts aus mir, sondern hänge am Faden seines rufenden Wortes, wie der Psalm sagt: „Von Jahr zu Jahr säst du die Menschen aus; sie gleichen dem sprossenden Gras. Am Morgen grünt es und blüht, am Abend wird es geschnitten und welkt" (90, 5–6). Daß hier die Angst stärker hervortritt als sonst, ist nicht schwer zu begreifen. Steht doch der Mensch nicht mehr in einem Verhältnis zum namenlosen Gesetz des Schicksals. Diesem gegenüber könnte er Gleichgültigkeit, Resignation einüben, die Einsicht in die Sinnlosigkeit aller Erregung. Wo kein Wille und kein Gesicht ist, können die Gefühle stillgelegt werden. Am besten ist es, sagen die alten Stoiker, wenn sich das Herz dem härtesten Stein angleicht, dem Diamanten. Dann paßt es gleichmütig in das Gefüge des Alls. Auch der Traum von einer bergenden Harmonie der Naturmächte ist in der Bibel verflogen. Es gibt keine Urmutter Erde, die den Einzelwesen – und niemand ist so einzeln wie der Mensch – ewige, feste Heimat bieten könnte. Er ist vielmehr hinausgesetzt in das Drama einer Geschichte, ausgeliefert dem riskanten Spiel der Freiheit. Das heißt Verantwortung, Entscheidung, Tat, Ungewißheit und Wagnis. Im Wechsel von Verrat und Treue, Liebe und Haß, Fremde und Vertrautheit, Bosheit und Güte geht es um Sinn, Heil, Glück, Gnade. Und immer vor *ihm*, in der unverfügbaren, unsichtbaren Gegenwart des letzten Willens. Sein Geheimnis fällt ungleich schwerer auf die Seele, provoziert härter ihre Erregung als alles andere. Die Schauder vor dem verborgenen Gott, auf den alles ankommt, sind nicht leicht zu trennen vom Gefühl, einer absoluten Unheimlichkeit ausgesetzt zu sein. Davon ist mitten in der Bibel, im Buch Ijob zu lesen: „Wenn ich denke: Trösten wird mich mein Lager, mein Bett wird mir meinen Jammer tragen helfen, so ängstigst du mich durch Träume und schreckst mich durch Nachtgesichte auf, so daß ich lieber erwürgt sein möchte, lieber den Tod sähe, als dies mein Gerippe. Nun habe ich es satt, ich mag nicht ewig so leben. Laß ab von mir, denn nur noch ein Hauch sind meine Tage ... Wann wirst du endlich deine Blicke von mir wegwenden und mir Ruhe gönnen, während ich meinen Speichel verschlucke? Habe ich gesündigt, was habe ich dir damit geschadet, du Menschenbeobachter?" (7, 13–16.19–20).

Zum Glauben an den Gott der dramatischen Freiheit gehört auch die Gewißheit, daß er selbst an der Aufhellung seiner Unheimlichkeit und damit an der Angst des Menschen arbeitet. Die Theologie nennt diese Arbeit Offenbarung, Mitteilung, Offenlegung seines Willens bis hin zur Teilnahme an der Zufälligkeit des Geschöpfes in Jesus, dem Menschensohn. In dem Maß, wie die Menschen auf das Entgegenkommen Gottes eingehen, werden sie fähig, an ihrer Angst zu arbeiten. Befreit aus der Knechtschaft der würgenden Gottesgefühle können sie wie Freunde sein, die um die heimliche Absicht Gottes wissen, in der Gegenwart seines Blickes aufrecht gehen und frei atmen (Joh 15,15).

Weil diese Arbeit aber in Freiheit geschieht, bleibt sie der Möglichkeit des Scheiterns ausgesetzt, begleitet von der Zweideutigkeit alles irdischen Handelns, oft genug desavouiert von bösem Willen oder dumpfer Beschränktheit, die sich der göttlichen Erhellung verweigern. Dann werden die Signale seiner freien, angstlösenden Verläßlichkeit nicht ausführlich genug gelesen, der verführerische Sog des Ungeheuerlichen wird übermächtig, und die Lust, sich ihm zu überlassen, bricht zuweilen epidemisch aus. Die Freude, andere mit der eigenen Angst anstecken zu können, selbst eine Art unheimliches Geheimnis für andere zu sein, ist oft größer als die Sehnsucht nach freier Gelassenheit. Aus der Überlieferung ist uns bekannt, daß die Eskalation der Gottesängste dort am heftigsten ist, wo die Atmosphäre Jesu in der Unheimlichkeit des ewigen Auges, in der Gnadenlosigkeit des Jüngsten Richters und in der Willkür der Allmacht verschwindet. Es ist hier nicht möglich, die Dokumente dieser Angstgeschichte gebührend zu Wort kommen zu lassen*. Es gibt doch auch eine spirituelle Kriminalität, die in der Angst das wichtigste und wirksamste Werkzeug hat. Sie ist der leicht greifbare Hebel, einsetzbar für allerhand, auch für heilige Zwecke, ausge-

---

* *J. Delumeau*, Angst im Abendland 1–2, Reinbek bei Hamburg 1985 (rororo 7919/20); *O. Pfister*, Das Christentum und die Angst, Olten – Freiburg i. Br. ²1975; *F. Heer*, Die dritte Kraft, Frankfurt a. M. 1950.

stattet mit fast unfehlbarer Wirkung und gern benützt von den Seelenfängern der Jugendsekten, Predigern, Beichtvätern, Gurus und Propagandisten der guten Sache Gottes. In vielen traditionalistischen Gruppen schwelt heute ein schlecht maskierter Kummer darüber, daß die alte Mechanik der geistlichen Angsterzeugung nicht mehr funktioniert. Die Methode der Zeugen des Evangeliums kann selbst eine Quelle der würgenden, Gott verbergenden Angst werden. Das wissen wir.

Aber vielleicht gibt es bei vielen den Zweifel, ob das in unserer Gegenwart überhaupt noch ein Problem ist. Wem macht dieser Gott noch Angst von oben her? Sind nicht die hitzigsten Eiferer ohnmächtig und oft genug allein in ihren Kirchen- und Beichtstühlen? Ist nicht längst getan, was Rilke und andere zu ihrer Zeit gefordert haben, „daß die verarmte Erde alle jene Anleihen wieder einzöge, die man bei ihrer Seligkeit gemacht hat, um Überkünftiges damit auszustatten?"* Gott, endgültig und restlos resorbiert in den Verhältnissen der Welt, kann nicht mehr schrecken. Und sprechen die christlichen Verkünder seit einiger Zeit nicht ganz ausschließlich im Ton der Liebe, manchmal sogar mit dem Versprechen, die Angst durch das Evangelium vollständig aus dem hiesigen Leben entfernen zu können?

Ich gebe dazu – mehr im Modus der Frage und des Zweifelns als der wissenden These – zu bedenken: Wir Zeitgenossen genießen nicht alle, im selben Augenblick lebend, die gleiche Zeit. So können die Bedrängnisse sehr verschiedener, auch sehr vergangener Epochen für

---

* R. M. Rilke, Der Brief des jungen Arbeiters, in: Ausgewählte Werke 2, Leipzig 1938, 297.

die Seele heute lebender Menschen aktuell sein und es jederzeit wieder werden. Der gewaltige Auftrieb des Fundamentalismus diesseits und jenseits des kirchlichen Zaunes beweist das eindrucksvoll. Mit fanatischer Buchstäblichkeit ist man dabei, das alte Instrumentarium der Angst auszugraben und an den Zeitgenossen zu erproben. Und läge es nur am Ton der Liebe! Wie leicht wäre es dann mit der Rezitation ihres süßen Superlativs. Wir müssen uns eingestehen, daß er nicht hilft, sondern, wenn es harmlos hergeht, billiges Geraschel von Beteuerungen bringt und im bösen Fall erst recht Angst erzeugt. Es gibt genug Leute, die den Terror der Affenliebe höchst irdisch am eigenen Leib erfahren haben und noch immer erleiden müssen. Und wenn es erst Gott ist, der mit atemraubender Umarmung auf dem Menschen liegt, dann wird die absolute Liebe, wenn sie gelöst ist von der Zumutung der Freiheit, von ihrer Leidenschaft für die Wahrheit, ihrem zornigen Dringen auf Realität, zum dichtesten, stickigsten Arrest, schlimmer als die Knute der Unterdrückung.

Schließlich noch die Frage nach dem Gott, der in der Welt aufgegangen ist und seine Angstmacht verloren haben soll. Verschwunden mag er sein, gibt es doch reichlich Auftrittsverbote, zum Beispiel in der Literatur. Seit Gottfried Benn erklärt hat, Gott sei ein schlechtes Stilprinzip, hat er wenig Chancen, die Szene der Kunst betreten zu können[*]. Verschwunden ist er auch in der Zufriedenheit mit dem Fall Welt, in der Leidenschaft der Arbeit und der Verbesserungen, in der Lust am genußrei-

---

[*] Vgl. Theologie und Literatur. Zum Stand des Dialogs. Hrsg. von W. Jens, H. Küng und K.-J. Kuschel, München 1986, 254.

chen Augenblick, in den unendlich leeren Räumen des Kosmos, im Zufall, in den hingenommenen Banalität der alltäglichen Geschäfte, am tiefsten vielleicht unter dem grauen Schleier der Gleichgültigkeit.

Ist er deshalb unwirklich geworden? Läßt sich die Wunde, die einmal aufgerissen wurde in der absoluten Unterbrechung Gott, in diesem alles hinter sich lassenden *Ich bin,* durch schlichte Beschlußfassungen des irdischen Bewußtseins zumachen? Der Verschwundene rührt sich anonym. Gott, heißt es, ist nichts anderes als Welt, Natur, das Kommunikative, die Beziehung, was zwischen Menschen geschieht, das erfüllende Erlebnis jetzt. Und plötzlich, weil er nun nichts mehr anderes ist, ist er erst recht da, auf den Hals gerückt, zwar nicht in seiner anziehenden Gestalt, die im Evangelium angedeutet wird, aber doch als ein Rest von schreckender Majestät, unaufklärbarer Unheimlichkeit. Er öffnet sein Auge drohend in der alles ergreifenden Kontrolle des Systems, das mit Hilfe der elektronischen Wanzen allgegenwärtig und allwissend werden will. Die quantifizierende Speicherung der personalen Daten liefert jedes Ich möglicher Manipulation aus. Die Unüberschaubarkeit und Undurchsichtigkeit der bürokratischen Gesellschaft, die Politik des Geheimnisses erzeugt jene Ängste, die einmal von der Willkür der Macht Gottes ausgegangen sind. Gibt es in der modernen Welt nicht genug absolut agierende Mächte, die das Leben von Millionen auf Leben und Tod verwalten, so oder so, in völlig verborgener Entscheidung? Die Gnadenlosigkeit des öffentlichen Urteils, das, ohne daß man sich wehren könnte, über jeden herfällt, der des Weges kommt, ist wie eine Nachäffung des unerbitterlichen Richters, der im „Dies irae" beschrieben wird. Das Regime des Zufalls, die Kälte der vergeblich angeschwärmten Natur, die abweisende Weite des Kosmos erregen den Zweifel, daß der Mensch davor jemals sinnvoll existieren kann, der angstvollen Frage ähnlich, wie der Allmächtige gnädig gestimmt werden könne, ob er die Ahnung der Liebe zulasse. Noch in dieser Namenlosigkeit, in der Unkenntlichkeit seiner weltlichen Maske, stiftet Gott die Sehnsucht nach seinem offenen Gesicht, in dem die Angst der Kreaturen zur Ruhe kommen kann.

Vertraue Deiner Angst: sie kann Dich retten.
Mißtraue Deiner Angst:
sie kann Dich vernichten.
Verwirf Deine Angst,
wenn sie Dich blind einem entgegenwerfen will,
den sie Dir als Feind vorstellt.
Verbiete der Furcht, sich bei Dir
einzuschleichen unter dem Mantel der Angst.
Denn Furcht, sagt man,
sei Angst ohne Grund.
Verbiete der Feigheit, sich bei Dir
einzuschleichen unter dem Mantel der Angst.
Denn Feigheit, sagt man,
sei Angst ohne Menschlichkeit.
Verbiete Deiner Angst, dreist zu hecken.
Denn eine Angst mag der Seele not sein.
Viele Ängste aber sind der Seele Tod.
Mache Dich zum Herrn Deiner Angst.
Dann gehört sie dir an, ohne Dich zu verraten:
erinnert Dich an Deine Gebrechlichkeit,
aber schützt sie statt sie zu nehmen.

Somnium Thesaurus

Die Mitarbeiter

Elisabeth Alexander, Schriftstellerin, veröffentlichte Romane und Gedichte, u. a.: Die törichte Jungfrau; Ich hänge mich ans schwarze Brett; Sie hätte ihre Kinder töten sollen; Damengeschichten; Stipendiatin der Kunststiftung Baden-Württemberg; 1985 Visiting writer Texas Tech University USA.

Gottfried Bachl, Dr. theol., Professor für Dogmatik an der Universität Salzburg. Veröffentlichte u. a. Die Zukunft nach dem Tod; Der beneidete Engel. Theologische Prosa.

Walter Dirks, Professor, Dr. theol. h. c., Mitbegründer der „Frankfurter Hefte", Romano-Guardini-Preisträger, Schriftsteller, lebt in Wittnau bei Freiburg. Zahlreiche Publikationen.

Eugen Drewermann, geb. 1940, Professor für Theologie und Psychoanalytiker in Paderborn, Autor zahlreicher Publikationen, u. a.: Das Eigentliche ist unsichtbar. Der Kleine Prinz, tiefenpsychologisch gedeutet (8. Auflage 1985), Voller Erbarmen rettet er uns. Die Tobit-Legende tiefenpsychologisch gedeutet (2. Auflage 1985), Dein Name ist wie der Geschmack des Lebens. Tiefenpsychologische Deutung der Kindheitsgeschichte nach dem Lukasevangelium.

Albrecht Goes, Professor, Dr. theol. h. c., geboren 1908 in Langenbeutingen/Württemberg, Mitglied des PEN-Club; Lessing-Preis der Stadt Hamburg; Buber-Rosenzweig-Medaille; Mitglied der Deutschen Akademie für Sprache und Dichtung, Mitglied der Akademie der Künste; Verfasser von Lyrik, Essays, Erzählungen.

Kurt Hock, Dr. phil., geboren 1937 in Mainaschaff, Studium der Germanistik und Theaterwissenschaften. Heute in führender Stellung in der Wirtschaft tätig. Zahlreiche Veröffentlichungen, u. a. Kinder- und Jugendbücher. Katholischer Kinderbuchpreis 1984. Lebt in Johannesberg.

Verena Kast, Dr. phil., Psychotherapeutin, Dozentin am C.-G.-Jung-Institut in Zürich, Privatdozentin an der Zürcher Universität, zahlreiche Veröffentlichungen, u. a.: Trauern. Phasen und Chancen des psychischen Prozesses; Wege aus Angst und Symbiose. Lebt in St. Gallen.

Heinz Piontek, geb. 1925, Schriftsteller, Lyriker, Mitglied des PEN-Zentrums der BRD, Mitglied der Deutschen Akademie für Sprache und Dichtung, Eichendorff-Preis, Tukan-Preis der Stadt München, Georg-Büchner-Preis. Gedichte Pionteks wurden in 24 Sprachen übersetzt. Zuletzt erschien: Helldunkel. Gedichte (Herder 1987).

Marina Schnurre, Malerin, Graphikerin, Kinderbuchautorin, ausgebildet in Gestalt- und Psychodrama. Sie war krebskrank und arbeitet zur Zeit als Therapeutin im Berliner Krankenhaus Moabit in der Begleitung von Krebspatienten. Mit Renate Kreibich-Fischer schrieb sie über ihre Arbeit das Buch: Ich will fliegen, leben, tanzen. Zwei Frauen arbeiten mit Krebskranken (Herder 1987).

Vilma Sturm, geb. in Mönchen-Gladbach, Journalistin, Mitglied des PEN-Clubs der BRD, zahlreiche Veröffentlichungen, aktiv in der Friedens- und Umweltbewegung, lebt bei Bonn.

Rudolf Walter, Dr. phil., geb. 1946 in Lichtenau/Obb., Verlagslektor, Herausgeber mehrerer Sammelbände, lebt in Bollschweil bei Freiburg.

Elie Wiesel, Professor, Dr. h. c. mult., geboren 1928 in Sighet (Siebenbürgen). Während des Krieges deportiert (Auschwitz, Birkenau, Monowitz, Buchenwald), studierte nach 1945 an der Sorbonne, Professuren in New York und Boston. Zahlreiche literarische Preise und akademische Auszeichnungen, Ehrendoktorate von 16 Universitäten und Hochschulen, zahlreiche Buchveröffentlichungen, Friedensnobelpreisträger 1986. Lebt in New York.

**Marina Schnurre
Renate Kreibich-Fischer**

Ich will fliegen,
leben, tanzen

Zwei Frauen
arbeiten mit Krebskranken

Herder

frauenforum

Lebenskrisen, wie Krankheiten es sind, haben oft ihren Grund in der Angst vor dem Leben. Die Autorinnen zeigen, wie man der Angst und der Krankheit menschlich begegnen kann. Ihr Buch durchzieht die hoffnungsvolle Erkenntnis, daß Krankheit kein unausweichliches Schicksal zu sein braucht.

168 Seiten, Paperback,
ISBN 3-451-20932-2

Elie Wiesel

**Worte
wie Licht
in der Nacht**

Elie Wiesel ist ein leidenschaftlicher Verfechter der Hoffnung. Ein Mensch der durch alle Dunkelheiten des Lebens ging, wird nicht müde, ,trotzdem' alle Gründe zu suchen, für die Schönheit des Lebens, für die Kraft der Freude, für die Feier der Freundschaft, für den Glauben an Gott und die Menschen.

Mit einer Einführung herausgegeben von Rudolf Walter
128 Seiten, gebunden,
ISBN 3-451-21080-0

Verlag Herder Freiburg · Basel · Wien

Von Rudolf Walter
herausgegebene Sammelbände

Lob der sieben Tröstungen
3. Auflage, 144 Seiten, geb., ISB 3-451-19593-3

Von der Kraft der sieben Einsamkeiten
2. Auflage, 144 Seiten, geb., ISBN 3-451-19860-6

Sich auf Gott verlassen
Erfahrungen mit Gebeten
3., erweiterte Auflage, 144 Seiten, kart.,
ISBN 3-451-20974-8

Anstiftung zur Zivilcourage
(hrsg. mit Karin Schunk)
128 Seiten, kart., Herderbücherei 1050

Das Glück liegt auf der Hand
ABC der Lebensfreuden
3. Auflage, 352 Seiten, Leinen geb., ISBN 3-451-20170-4

Die hundert Namen Gottes
Tore zum letzten Geheimnis
160 Seiten, kart., Herderbücherei 1229

Das Judentum existiert –
ich bin ihm begegnet
Erfahrungen von Christen
168 Seiten, kart., ISBN 3-451-20455-X

Verlag Herder Freiburg · Basel · Wien